COLLECTION
FOLIO/HISTOIRE

Philippe Joutard

Les Camisards

Gallimard

L'édition originale de cet ouvrage
a paru dans la collection Archives
dirigée par Pierre Nora et Jacques Revel.

Philippe Joutard, professeur d'histoire moderne, occupe actuellement les fonctions de recteur de l'académie de Toulouse.

Ses recherches ont porté sur l'histoire du protestantisme cévenol du XVIIe au XXe siècle, sur le fonctionnement de la mémoire collective et la place tenue par l'imaginaire dans l'histoire (*La légende des Camisards. Une sensibilité au passé,* Gallimard, 1977). Il a été l'un des premiers historiens à utiliser de façon systématique l'enquête orale et à réfléchir sur les problèmes de méthode posés par cette source. Depuis plusieurs années, il s'intéresse en particulier à l'apparition de la Haute-Montagne dans la sensibilité occidentale (*L'invention du Mont Blanc,* Gallimard, 1986).

UNE ÉTRANGE RÉVOLTE

Au premier abord, le contraste paraît grand entre les dimensions de la guerre des Camisards et ses résonances. Voilà une affaire qui dans sa phase active n'a guère dépassé deux ans et ne concerne même pas l'ensemble d'une province. Pourtant, la presse du temps s'est passionnée pour l'événement : certains mois, les périodiques mensuels y consacrent plus de 5 % de leur surface, les maxima se situant même entre 16 et 20 %, alors que l'actualité internationale, en pleine guerre de Succession d'Espagne, est très riche. En dix ans, parurent dix livres sur le sujet, sans compter un gros manuscrit recopié à de nombreux exemplaires, douze brochures dont plusieurs furent traduites en anglais et en allemand, et dix éditions de cartes publiées à Paris, Amsterdam, Rotterdam et Bruxelles. Le traducteur toscan de l'un de ces ouvrages pouvait encore parler, vingt ans plus tard, de la retentissante nouvelle de l'étrange soulèvement [...] qui au début de ce siècle a fait tant de bruit non seulement en France, mais à travers toute l'Europe. *Ensuite, l'intérêt ne cessa guère, comme le montrent à la fois la quantité des ouvrages publiés sur le thème (près de 300 jusqu'à nos jours) et la qualité de ceux qui furent attirés par le sujet : Marivaux, Voltaire, Malesherbes, le chansonnier Béranger, Balzac, Eugène Sue, Alexandre Dumas et Michelet, pour ne citer que les plus connus. D'une résistance protestante qui a duré trois quarts de siècle, s'est étendue de la Saintonge au Dauphiné, et a revêtu la plupart du temps une forme non violente, c'est le seul épisode avec la révocation de l'édit de Nantes qu'ont retenu les manuels et les grandes histoires générales. Jamais un mouvement populaire en France, en dehors d'événements de la Révolution de 1789 et, évidemment, de la Commune de 1871, n'a suscité une telle production imprimée.*

Le premier but de cet ouvrage est d'expliquer cette fascination : elle se comprend aisément si l'on considère la nouveauté et l'étrangeté d'un épisode qui ne se réduit à aucun modèle traditionnel, ni guerre de religion du XVIe siècle, ni révolte populaire de croquants et de nu-pieds : en particulier, à la différence des autres émotions populaires, la guerre des Camisards a largement dépassé les quelques semaines et connu des succès non négligeables : mobiliser deux maréchaux de France et se terminer par des négociations entre l'un d'entre eux et de modestes artisans, ce n'est pas courant. Ajoutons qu'elle est porteuse d'une symbolique suggestive. Dans cette lutte apparemment inégale, le pot de terre semble l'emporter un moment sur le pot de fer, ou, pour employer une image biblique dont les insurgés avaient parfaitement conscience, David une fois de plus part à l'attaque de Goliath.

C'est sans doute la raison pour laquelle, aujourd'hui, les protestants en font le symbole de leur combat passé pour la liberté de conscience. Dans les Cévennes où la tradition orale est encore relativement riche, les informateurs baptisent camisardes toutes les manifestations de la résistance protestante, pacifiques ou guerrières, qu'elles se situent en 1686, en 1703 ou en 1744. Pourtant, au XVIIIe siècle, les responsables de la communauté réformée en France ou à l'étranger prenaient bien soin de se désolidariser des Camisards et les opposaient à leurs prédécesseurs et à leurs successeurs. Qui a tort, la tradition orale qui unifie et confond, ou l'historiographie réformée du XVIII*e siècle qui différencie ? Continuité ou rupture, c'est une question que les pages qui suivent voudraient élucider. J'ai donc volontairement inscrit cette révolte dans la longue durée d'un comportement de refus : depuis la veille de la Révocation jusqu'à la tolérance de fait des années 1760-1770. Comprendre pourquoi l'insurrection armée a éclaté dix-sept ans après l'édit de Fontainebleau et non immédiatement, établir les liens entre prophètes camisards et prédicants de 1686 ou pasteurs d'après 1715, voir comment la guerre des Cévennes a continué à peser sur le pays, même après sa fin, tels sont les buts des deux premiers chapitres et du dernier. Il n'était pas non plus inutile, même si l'on admet l'importance du phénomène camisard, de rappeler que la résistance du petit peuple protestant des campagnes n'a pas commencé en 1702 et qu'elle ne s'est pas arrêtée en 1710. Autant que l'originalité de l'insurrection cévenole, la persistance de ce refus de céder mérite d'être mise en valeur ; refus qui n'est pas le fait de quelques individus, mais celui d'une communauté tout entière pendant quatre générations.*

La richesse des documents sur le sujet est un autre centre d'intérêt ; elle explique aussi la fortune du thème : habituellement, en effet, lorsqu'une guerre civile met aux prises des adversaires inégaux dont l'un s'appuie sur un appareil d'État et possède le monopole des moyens de diffusion, et dont l'autre regroupe, selon la belle expression de Michelet, « ceux qui n'ont pas d'histoire », nous ne possédons qu'une seule version des faits, celle du pouvoir et des classes dirigeantes ; c'est en général le cas des révoltes populaires, connues essentiellement à travers les procédures judiciaires auxquelles s'ajoutent quelques rares manifestes. Or ici, les insurgés peuvent faire entendre leur voix, sinon à égalité avec les autorités, du moins avec assez de force pour que l'on comprenne leur attitude.

Plusieurs d'entre eux se réfugièrent après le conflit dans des pays amis ; ils se sentaient toujours prophètes, mais ils furent peu appréciés et certains eurent même maille à partir avec la justice anglaise. Pour les défendre, des amis décidèrent de recueillir leurs dépositions et celles de leurs partisans ; puis ils les publièrent en 1707 dans un ouvrage intitulé Le Théâtre sacré des Cévennes ou Récit des diverses merveilles nouvellement opérées dans cette partie de la province du Languedoc. *Plus tard, on retrouva les mémoires plus détaillés mais composés dans la même intention de deux des principaux inspirés, Abraham Mazel et Élie Marion.*

D'un autre côté, le restaurateur du protestantisme après 1715, Antoine Court, voulut écrire à son tour une histoire des Camisards. Mais au lieu de recopier ses prédécesseurs, il utilisa la technique très moderne de l'enquête : il rechercha ainsi les témoignages des acteurs encore vivants, par exemple celui d'un brigadier de Cavalier, Bonbonnoux, devenu son compagnon. Il récolta en même temps les journaux de raison ou les mémoires de l'époque, comme celui d'un bourgeois de Calvisson : plus de 2 000 pages sont ainsi conservées dans les dossiers de Court déposés à la Bibliothèque publique et universitaire de Genève. A ces sources, il faut joindre toutes les pièces saisies sur les protestants arrêtés, copies de sermons, prières, ou méditations prophétiques. Cavalier, le chef camisard le plus connu, a lui aussi rédigé ses souvenirs : malheureusement il lui fallait s'adapter à ses protecteurs anglais, et l'image qu'il donne de la guerre correspond plus à l'attente de ces derniers qu'à la réalité. Les phénomènes prophétiques ont ainsi été soigneusement cachés. C'est donc ici un témoignage sur le malentendu avec le monde protestant étranger avant d'être un document sur l'univers camisard. Voilà pourquoi il sera peu souvent cité.

En revanche, j'ai largement utilisé de modestes

archives paysannes. Les renseignements directs sur la période camisarde sont assez rares, mais, en contrepartie, les textes qui permettent de reconstituer le climat spirituel et la piété populaire sont nombreux, tels ceux que Daniel Travier (Saint-Jean-du-Gard) a retrouvés dans un hameau de la Vallée Borgne ou cet admirable carnet de complaintes conservé dans la famille de Mme Colanis (Ardèche). Avec beaucoup de gentillesse, ces deux personnes et bien d'autres m'ont fait pénétrer dans l'intimité des mas cévenols du XVIIe et du XVIIIe siècle en me communiquant ces manuscrits. Dans la mesure où la résistance protestante s'est enracinée dans la cellule familiale, nous atteignons là une dimension fondamentale de l'histoire que décrit ce livre.

Dans l'autre camp, les sources sont plus classiques ; cependant, l'écho suscité par la guerre a multiplié les correspondances privées à tous les échelons, depuis celle de l'intendant Bâville à son frère ou à ses amis jusqu'à de simples religieuses ou des bourgeois moyens qui informent les curieux d'autres provinces.

Sans négliger leurs adversaires, j'ai évidemment privilégié la voix des Camisards et, plus largement, des obstinés religionnaires : on n'a pas souvent l'occasion d'entendre « ceux qui n'ont pas d'histoire ». Toutefois, je me suis efforcé de présenter un échantillon des divers types de documents écrits à notre disposition : ils se situent à des niveaux sociaux et culturels très variés comme l'indiquent les différences de style, certains étant remplis de tournures occitanes et révélant une faible maîtrise du français. Aussi je n'ai pas voulu aggraver les difficultés de lecture en reproduisant les diversités orthographiques ; sans hésitation, ni remords, j'ai systématiquement modernisé l'orthographe de tous les textes pour que ces*

* Le travail avait d'ailleurs été déjà fait pour la plupart des documents édités au XIXe siècle, d'où une diversité supplémentaire qui

témoignages puissent être lus par d'autres que les historiens professionnels, et en particulier par les descendants de ceux qui « résistèrent ». Je crois, d'ailleurs, que ces documents, par-delà les frontières confessionnelles ou régionales, devraient émouvoir tous ceux pour qui « le mot non fermement opposé à la force possède une puissance mystérieuse qui vient du fond des siècles ».

Il n'est pas incongru, en effet, d'appliquer à ces combattants pour leur foi l'admirable formule par laquelle Malraux définissait les maquisards du plateau des Glières : « Ce non du maquisard obscur collé à la terre pour sa première nuit de mort suffit à faire de ce pauvre gars, le compagnon de Jeanne et d'Antigone... l'esclave dit toujours oui[1]*. »*

---

ne doit rien aux différences culturelles du temps et interdisait de toute façon le respect intégral de l'orthographe originale.

1. Voir Notes, p. 267.

1

De la résignation à la résistance

Au XVIIe siècle les protestants français n'atteignaient pas le million[1]*. Selon la Discipline ecclésiastique adoptée dès 1559 et qui subsista avec quelques modifications jusqu'en 1685, ils étaient organisés selon le système « presbytéro-synodal ». A la base, l'église locale était dirigée par un consistoire composé du pasteur et des anciens désignés par cooptation. Au-dessus, les colloques, puis les synodes provinciaux regroupaient des représentants, laïques et pasteurs de chaque église locale. Enfin, au sommet, le synode national assurait la cohésion doctrinale du protestantisme français.*

A l'intérieur du royaume, les réformés étaient très inégalement répartis à la fois géographiquement et sociologiquement. Dans le nord de la France, ils étaient disséminés et fortement urbanisés : près de la moitié habitaient les villes. Dans le Midi, ils formaient des groupes plus compacts et à base rurale. Ils devenaient même majoritaires dans les Cévennes et la plaine avoisinante : là s'agglméraient aux dires de Bâville, l'intendant du Languedoc, près de 200 000 religionnaires. Dans la montagne cévenole elle-même, ils formaient 90 % de la population, autour de Nîmes 85 %, et encore les 2/3 dans la ville. Plus au nord, dans le Vivarais, les protestants étaient plus dispersés. Ils se concentraient cependant

MONT LOZÈRE
Pont-de-Montvert
TARN
CAUSSE MÉJEAN
Florac
BOUGES
Cassagnas
Barre-des-Cévennes
Fraissinet-de Fourques
Vébron
Plan de Fontmort
St Germain-
le Pompidou
Meyrueis
AIGOUAL
Ste Croix-Valfr.
St Andre-de-Valb.
Saumane
LIRON
St Jean-du-Gard
Valleraugue
Mandagout
La Salle
Monoblet
Le Vigan
Sumène
Aumessas
Ganges
Pompignan
N-D. de Londres
St Martin de Londres
LEZ
HÉRAULT
Gignac
Montpellier
Pézenas
Balaruc
Mère
Ét de THAU
Sète
GOLFE DU

Vallon
Vans
CHASSEZAC
ARDÈCHE
RHÔNE
Vagnas
Barjac
ességes
St Ambroix
Pt St Esprit
oux
Combe
Rochegude
CÈZE
Lussan
Bagnols
Alès
ristol
Euzet
Vézénobres
Martignargues
Uzès
Boucoiran
St Chaptes
édignan
Remoulins
GARD
gassargues
annes
Gajan
St Mamert
Nîmes
Claransec
lvisson
Beaucaire
Milhaud
-les-Nîmes
Nages
nières
Aigues-Vives
Générac
Gallargues
Val de Bane
Vauvert
Le Cailar
St Gilles
Marsillargues
VISTRE
RHÔNE
Aigues-Mortes
Pt RHÔNE
ETANG
DU
VACCARÈS
0
10 Km

autour de la vallée de l'Eyrieux et dans Boutières où ils constituaient les 2/3 de la population. De l'autre côté du Rhône, dans le Dauphiné, la situation était analogue : une densité protestante moyenne beaucoup moins forte qu'en Languedoc, mais quelques concentrations autour de Dieulefit et Bourdeaux et dans le Diois.

Cévennes-Bas-Languedoc, Vivarais, Dauphiné, c'est dans cette zone que se situe l'essentiel des manifestations de résistance que nous présenterons. Les liens entre les trois pays ont été constants. Là, on prend mieux conscience que le protestantisme n'est pas seulement une religion, mais une culture qui influence l'ensemble de la vie des populations et accentue encore les différences avec les voisins catholiques. Dans le domaine de la langue d'abord : jamais le culte ne fut célébré en langue d'oc et il n'y eut pas de traduction de la Bible en occitan, ni de sermons. De simples paysans étaient donc plus ou moins encouragés au bilinguisme. Si, dans l'ensemble, ils ne parlaient pas le français, du moins le comprenaient-ils : les auditeurs plus tard s'émerveillèrent d'entendre des paysans illettrés faire un discours en français[2], *y voyant le signe de l'intervention de l'Esprit saint, mais ils ne se posent jamais le problème de la compréhension des auditeurs. De même, la première des prophétesses, Isabeau Vincent, qui sera longuement évoquée plus loin, se moquait des prières en latin* que vous n'entendriez pas quand vous les réciteriez vous-mêmes[3], *ce qui implique qu'il n'en est pas de même pour le français. Le langage courant des protestants semble aussi avoir été influencé par la fréquentation prolongée de l'Ancien Testament[4]. N'est-ce pas de cette façon que pendant la guerre des Camisards, à Sauve, on reconnut les révoltés malgré leur déguisement de soldats royaux* ? De plus, les consistoires se sont efforcés d'éliminer des manifestations de*

* *Infra*, pp. 182-183.

cultures populaires assimilées au paganisme comme les feux de la Saint-Jean et plus largement toutes les fêtes de saints, la danse ou le charivari, sans parler des pratiques magiques. La réussite n'a certainement pas été totale : nombre de coutumes ont subsisté souterrainement. Tout au moins, ont-elles été refoulées assez profondément pour que l'apparence extérieure fasse éclater le contraste entre villages catholiques et villages protestants. L'alimentation même est signe de différenciation par l'intermédiaire du refus du maigre. Cet interdit, qui aujourd'hui peut sembler secondaire, figure pourtant dans le catéchisme de Drelincourt si populaire à l'époque chez les protestants, parmi les raisons de ne pas adhérer à la Communion romaine dans le même paragraphe que le culte des saints et le salut par les œuvres[5].

LA POLITIQUE DE LOUIS XIV

Est-il besoin de rappeler longuement la politique protestante de Louis XIV jusqu'en 1685, sinon pour réfuter l'explication encore trop souvent donnée des origines de la Révocation de l'édit de Nantes : le roi vieillissant, influencé par Mme de Maintenon et son confesseur, voulant racheter son passé et faire son salut sur le dos des protestants. La chronologie de la persécution contredit cette théorie, car dès le début de son règne, dans un temps où les préoccupations religieuses ne le troublaient pas beaucoup, Louis XIV fit expérimenter la plupart des mesures de contraintes violentes qui précédèrent la Révocation, en particulier les fermetures de temples et même les tristes dragonnades[6]. *De 1669 à 1679, les protestants obtinrent un sursis relatif qui correspond à la période de la guerre de Hollande. Le roi ne voulait pas donner le sentiment à l'Europe réformée que sa lutte contre les Provinces-Unies était une croisade antiprotestante, et il* *espérait sans doute parvenir à faire disparaître par la douceur « l'hérésie de Calvin », grâce à la caisse de conversion, par exemple, qui accordait aux nouveaux convertis des aides pécuniaires. La guerre terminée, le pouvoir reprend sa politique initiale en l'accentuant. C'est dire que les motivations proprement politiques l'emportent largement sur les préoccupations strictement religieuses : montrer à l'Europe catholique que le « grand roi » est plus capable de réunifier la Chrétienté que l'empereur qui vient d'arrêter les Turcs sous les murs de Vienne en 1683 (sans le concours de la France pourtant sollicité), ou le pape avec qui il est en conflit ; plus encore, renforcer l'unité politique du royaume et l'absolutisme par l'unité de foi. Ce dernier mobile est largement compris par le personnel administratif, et en particulier par l'un des protagonistes du drame, l'intendant du Languedoc pendant la guerre des Camisards, Lamoignon de Bâville**. *Celui-ci l'exprime très clairement en 1698, treize ans après la Révocation, alors que, devant le premier échec de la contrainte, le pouvoir royal hésite et interroge évêques et intendants concernés sur la politique à suivre :*

On a regardé de tout temps la religion comme le lien de la société et le fondement de la paix et de la tranquillité des États, c'est elle qui, sur la loi de Dieu et sur les lois de la justice naturelle, entretient l'ordre de la subordination et de la domination pour les hommes, qui donne du poids à l'autorité des uns, qui plie les volontés des autres à l'obéissance, qui unit les sujets à leur souverain par des principes de nécessité et de

* Bâville (1648-1724) appartenait à la grande famille parlementaire des Lamoignon. Son père fut Premier Président du Parlement de Paris. Son frère, avec qui il correspondit régulièrement, président à mortier de la même cour. Lui-même fut intendant du Languedoc de 1685 à 1718.

conscience et le souverain à ses sujets par une sollicitude de protection et de conduite [...].

Mais lorsque les sujets ont une religion différente de celle du prince, la domination de l'un ne peut être entière, ni la dépendance des autres. Comme ils ont des principes différents, il est difficile qu'ils concourent toujours unanimement à la même fin ; la conscience de l'un peut obliger à commander ce que la conscience des autres croira ne devoir accomplir ; il ne peut y avoir entre eux d'union parfaite, le nœud est toujours prêt à se relâcher ou à se rompre, qui fait que la diversité d'opinion et de créance est une source de dissension et de discorde ; que les schismes spirituels produisent d'ordinaire les schismes civils, je veux dire les factions et les guerres domestiques ou étrangères, et que toute la puissance du souverain doit s'appliquer à réduire surtout en matière de religion toutes les divisions à l'unité, quand il le peut, sans hasarder son autorité et sans troubler l'économie de son État [...]. Encore que cette maxime convienne aussi bien aux princes hérétiques qu'aux catholiques, il est certain pourtant que de toutes les religions, la catholique est la plus douce et la plus paisible, soit parce qu'étant supérieure aux autres par sa vérité, par son ancienneté, par son étendue, elle n'a pas besoin de faire comme elles de si grands efforts pour se soutenir, soit parce qu'elle inspire à ceux qui la suivent des sentiments plus humbles, plus patients et pour les puissances que Dieu a ordonnées ; soit parce qu'étant née et sortie pour ainsi dire du sein de la charité et de la grâce de Jésus-Christ, elle conserve encore la douceur de son origine, au lieu que les hérésies étant d'ordinaire filles de l'orgueil, de l'ambition ou de la colère de ceux qui les ont produites, elles retiennent toujours un peu de leur agitation et de leur inquiétude[7].

Thème que ne désavoue pas plus tard Voltaire lorsqu'il justifie implicitement Louis XIV en accusant les protestants d'être républicains[8].

Il ne faut pas perdre de vue cette conception pour comprendre l'attitude d'autorités qui voient dans les « opiniâtres » même pacifiques, non pas des gens qui défendent leur foi, mais des rebelles au souverain et des séditieux.

LA RÉSIGNATION PROTESTANTE

A partir de 1680 donc, la position des protestants devient intenable. Pour évoquer le calvaire de tout un peuple, il vaut mieux citer cette complainte populaire du Vivarais, pieusement recopiée bien longtemps après les événements plutôt qu'énumérer la longue suite des ordonnances royales. Certes la maladresse du transcripteur, qui maîtrise mal la langue française et truffe le texte de tournures occitanes, rend parfois la lecture difficile d'autant plus que la disposition en vers a disparu, mais ces modestes couplets résument bien l'espérance naïve à l'égard de la bonté royale, les persécutions et cependant la rapide résistance avec la réunion clandestine.

Complainte sur la destruction des temples

1 – Écoutez le regret, messieurs je vous prie, du pauvre mon(t)peller qui n'ont point de justice, qui n'ont point de justice, a été condamné de détruire les temples ou bien d'être rasés.

2 – Depechons un courier à la poste bien vite, à la poste bien vite, pour aller à Paris pour voir si * n'aurons grace du noble roy Louis.

3 – Quand n'en fut à Paris devant le roy de France

* Ne ou n', tournure occitane.

son chapeau à la main faisant grand reverance en luy disant mon Sire nous vous voudrions prier de nous laisser nos temples pour le bon Dieu prier.

4 – Le roy n'a répondu suivant cette demande, l'y voit une ordonnance de la loy de Calvin, que par toute la France, nous en voirons la fin.

5 – Quand le courier n'a vu que peut pas avoir grace. S'en tourne à Monpeillier comme un homme message, comme un homme message retourne à Monpteiller; en rentrant dans la ville vu le temple rasé.

6 – A pauvre mon(t)peller mon Dieu je te regrette, tu t'es toujours fiés à Monsieur de La Tourette *, à Monsieur de La Tourette qui t'a toujours trahi te faisant bonne mine et se moque de qui.

7 – Nous n'avons plus de lieu pour n'en dire nos prières rien qu'un petit bois au dessus de les Ollières ** au-dessus de les Ollières au proche de Vernoux allons y tous mes frères prier Dieu entre tous.

8 – A pauvre vivaret mon Dieu, je te regrette, ils t'ont tué tes poules et mangé tes moutons et n'en violé de femmes ont pillé leurs maisons.

9 – Mais dedans Chalancon y ont fait de grand ravage l'espace de trois jours y ont tenu le pillage il(s) n'en viole(nt) de filles et de femmes aussi forcent leur conscience. Dieu leur prendra merci.

10 – Qui a fait la complainte, c'est un soldat bien drole l'a faite composer tout revenant de l'armée, tout revenant de l'armée, s'est mis dans un

* Peut-être le marquis de La Tourette qui prit la cloche du temple de Saint-Fortunat près des Ollières, village cité dans la strophe suivante.

** Village de la vallée de l'Eyrieux, dans les Boutières.

couvant, recommanda son ame au grand Dieu tout puissant[9].

L'allusion à la démarche très respectueuse auprès du roi, non suivie d'effet, reflète bien le seul type d'action mené par le parti protestant pour enrayer le processus de persécution. Curieusement, en effet, les chefs réformés semblent étrangement désarmés.

Un avocat nîmois, Brousson, proposa bien d'organiser une véritable manifestation de résistance non violente en 1683 : partout où l'exercice public du culte venait d'être interdit, les réformés, sans ostentation mais publiquement, se réuniraient pour célébrer le culte. Brousson expliqua plus tard les buts d'une telle manifestation :

Cette résolution était la moins dangereuse que l'on pouvait prendre en pareille occasion. A l'égard de Dieu, le plus sûr c'est toujours de nous déclarer pour lui et de le mettre de notre côté. A l'égard des hommes, plus ils voient en nous de tiédeur et de timidité, plus ils nous oppriment. Il est sûr que si tous les réformés eussent paru dans le sentiment, on n'aurait exercé aucune rigueur contre eux et qu'alors S.M. reconnaissant qu'on lui avait imposé quand on lui avait fait entendre que les réformés n'ont pas assez d'attachement à leur religion pour être en état de soutenir une grande épreuve, n'aurait pas voulu pousser les choses plus loin, et nous aurait donné le repos et la liberté de conscience que l'on nous avait injustement ravis[10].

La plupart des grandes églises refusèrent en effet de s'associer au projet. Il n'y eut guère de rassemblement qu'à Saint-Hippolyte-du-Fort en Cévennes, dans le Vivarais et le Dauphiné : là, d'ailleurs, les choses allèrent au-delà de ce qui était prévu puisque les protestants n'hésitè-

rent pas à résister par les armes devant l'attitude offensive des troupes.

Cette passivité étonnante s'explique en partie par l'enseignement constant des pasteurs du XVIIe siècle insistant sur l'obéissance sans condition au souverain, comme le rappelle une lettre au roi envoyée au cours du dernier synode national avant la Révocation, tenu à Loudun en 1659 :

Les rois de ce monde tiennent en quelque manière la place de Dieu et sont son vrai portrait vivant sur la terre. Ce sont les maximes fondamentales de notre créance que nous avons appris pendant toute notre enfance, que nous tâchons de pratiquer pendant toute notre vie et que nous inculquons comme un devoir indispensable à tous nos troupeaux [11].

Même au plus fort de la répression, beaucoup de ministres, et non des moindres, conservent le même sentiment. Ainsi Merlat, qui fut pourtant persécuté et dut s'exiler, fait paraître en 1685 un traité sur le pouvoir absolu des souverains où il écrit :

Les souverains à qui Dieu a permis de parvenir au pouvoir absolu n'ont aucune loi qui les règle à l'égard de leurs sujets. Leur seule volonté est leur loi et ce qui leur plaît est licite dans cette relation à ceux sur qui ils dominent quoique Dieu doive un jour examiner leurs comptes (...). De là résulte l'impunité universelle de leurs actions parmi les hommes et l'engagement des peuples à souffrir sans rébellion tout ce que de tels princes peuvent leur faire souffrir, n'y ayant que Dieu seul qui ait le droit de venger [12].

Propos que n'auraient pas désavoués les théoriciens catholiques les plus intransigeants de la Monarchie absolue.

Ajoutons-y le conformisme de nombreux notables à la tête des principales églises du royaume. Ce que notait avec tristesse le célèbre pasteur Claude peu avant la Révocation :

Je ne sais ce qui arrivera de notre troupeau, je ne remarque que peu de zèle, beaucoup de mondanité et un attachement inviolable au temporel [...] ce que je vous ai mandé touchant le dedans, consiste en une mollesse effroyable et en un parti qui se forme dans le troupeau pour composer[13].

Attitude aux conséquences graves car elle donna illusion aux autorités qu'il suffirait d'une pression un peu plus forte pour se débarrasser de « l'hérésie ». C'est un des thèmes favoris de l'argumentation de Bâville après 1685 pour préconiser une politique de contrainte sévère : quoi que le roi fasse, les nouveaux convertis ne bougeront pas parce qu'il y a longtemps qu'ils ont pris parti entre leur bien et leur religion et qu'ils ont préféré le premier[14].

Apparemment d'ailleurs, cette résignation ne se limitait dans le Languedoc qu'aux notables si l'on en juge par la facilité déconcertante avec laquelle les autorités obtinrent les abjurations avec la seule menace de l'arrivée des dragons sans qu'elle soit suivie d'effet. A mesure que les troupes avancent, les protestants se pressent en foule pour signer le registre comme le montre l'exemple de Lasalle[15] :

Oct. 1685 —	*10 : 4*	*14 : 39*
	12 : 5	*15 : 265*
	13 : 7	

Le responsable de l'opération, le maréchal de Noailles, se demande où loger les troupes : Je ne sais plus que faire des troupes parce que les lieux auxquels je les destinais se convertissent tous généralement et cela va si vite que tout ce qu'elles peuvent faire est de coucher une nuit dans les lieux où je les envoie [16].

Les réformés furent probablement démoralisés par l'absence de réaction de leurs dirigeants et le départ rapide de leurs pasteurs ; ils furent aussi affolés par les nouvelles qu'ils avaient reçues du Béarn ou du Poitou, sur les atrocités qui accompagnaient les dragonnades.

LES RÉSISTANCES AUX CONVERSIONS

Il ne faut pas cependant en déduire, comme le firent les autorités, que les protestants méridionaux avaient peu d'attachement pour leur foi. D'abord certains n'hésitèrent pas à s'exiler. Le souvenir en est resté dans l'une des strophes d'une complainte vivaroise sur l'affliction de l'Église :

Adieu pauvre roulant
Tu t'en vas bien doulant
Tu t'en vas dans l'Angleterre
ou dans le Brandebourg
Pour faire ta demeure
Souhaiter un beau séjour [17].

Le nombre dans nos régions fut faible il est vrai, 8 % seulement des réformés en Vivarais et dans le Bas-Languedoc, les Cévennes se situant au dernier rang des provinces synodales avec 5 %. Le phénomène est très explicable : il s'agit de pays éloignés des frontières et à dominante paysanne, ce qui ne facilite pas l'exil. Il est plus facile à un artisan ou à un bourgeois de transférer ses biens ou d'offrir sa compétence à l'étranger. En revanche, l'arrière-pays montagneux favorisait la clan-

destinité. Plusieurs centaines de protestants, refusant l'abjuration, se réfugièrent dans les Cévennes. Certains y séjournent plusieurs années : ainsi cette vieille femme qui à 74 ans abandonna avec sa fille une maison près de Lasalle et qui resta jusqu'en 1692 à la campagne, n'habitant ni ville, ni village, et n'entrant que fort peu de maisons[18].

Dans plusieurs endroits l'opération de « conversion » fut difficile : à Sommières, par exemple, il fallut mettre les réformés tout au pillage. *Près de Nîmes, le logement des gens de guerre* a ruiné presque tous les habitants de Gallargues[19].

Il est aussi évident que la pratique du double jeu — donner une signature tout en conservant ses convictions — fut la tentation permanente pour les notables : la très grande majorité y succomba. Mais il existe des exceptions, tel Jean Nissoles, bourgeois de Ganges. Toute sa famille s'est faite catholique. Il est le seul à résister, huit jours après l'arrivée des troupes dans la ville. Sa sœur, craignant la catastrophe, lui envoie un de ses amis. Voilà comment Nissoles raconte la discussion et ses suites :

Le tentateur me dit que me connaissant propre à consoler les malades et assez hardi pour leur faire la prière sans crainte, il ne doutait point que ce ne fut offenser Dieu et un défaut de charité en moi de les abandonner d'autant mieux que je pouvais compter de n'aller jamais à la messe, qu'on se contenterait de ma simple signature... j'avoue franchement que cet hommes me prit par mon faible. Je crus que je pouvais, sans intéresser ma conscience, me présenter devant le prêtre, et qu'il pouvait écrire tout ce qu'il voudrait pourvu que je n'en susse rien et que je n'y eusse aucune part. Mon tentateur s'en alla donc plein d'espérance : il trouva ma sœur en descendant, à qui il raconta toute notre conversation... Pendant que ces gens parlaient encore, ma conscience se réveilla... ; elle me mit devant les yeux toutes les menaces que Jésus-Christ dénonce contre les tièdes et contre les timides. Dans cet état, accablé de douleur et de remords je jetai les yeux sur des Psaumes qui se trouvèrent devant moi. En ouvrant le livre, la Providence me fit tomber sur un endroit qui me pénétra ; ce fut le 2e verset du Psaume XXVI où il est dit :

Seigneur, essaye-moi ;
Je requiers que de toi
Sondé je sois, et éprouvé
Mes reins et mes pensées
Dans le feu soient lancées
Pour voir quel je serai trouvé.

Je fis alors cette courte prière à mon Dieu : « Seigneur, lui dis-je... Voudrais-tu ne me plus continuer ton assistance et m'abandonner aujourd'hui à moi-même dans mon plus pressant besoin ? — Non. Seigneur, je sais que tu ne le feras pas ! » Le bon Dieu m'exauça dans ce moment. Il remplit mon cœur d'une joie véritable et solide..., il fortifia ma foi et m'affermit si bien dans la résolution de tout souffrir plutôt que d'abandonner sa sainte religion, que les plus terribles supplices n'auraient pas été capables de m'ébranler... J'étais dans ces transports... lorsque mon séducteur entra de nouveau dans ma chambre... « Je puis bien compter, me dit-il, sur ce que vous m'avez promis ? » Je lui répondis, tout ému, que jusqu'ici je l'avais cru de mes meilleurs amis, mais que je voyais avec un chagrin extrême que je n'avais pas de plus cruel ennemi au monde, puisqu'il voulait me faire renier mon Sauveur et abandonner sa sainte communion. Je l'exhortai à se mettre à genoux avec moi, et à demander tous deux pardon à Dieu, lui d'avoir voulu me tenter, et moi de n'avoir pas fermé l'oreille à ses séductions. Après notre prière, il se releva les yeux mouillés de larmes, il me protesta qu'il se repentait de tout son cœur de ce qu'il m'avait dit, et qu'à l'avenir, dût-on le combler de biens, il ne se chargerait plus de semblables commissions[20].

LA COLÈRE DE DIEU

Sur le moment, ce type de comportement reste rare, mais à peine les réformés ont-ils abjuré que le remords d'avoir cédé si facilement s'empare de l'âme de beaucoup de nouveaux convertis. Déjà préparés par leur formation calviniste, et plus largement par le climat spirituel d'une époque nourrie d'augustinisme, à l'idée du caractère irrémédiablement pervers de l'homme, ils tirèrent de leur abjuration de quoi alimenter cette conviction. En outre, profondément marqués par l'Ancien Testament, ils étaient persuadés que toutes les calamités qui s'abattent sur l'homme sont autant de signes de la punition de Dieu pour son infidélité. Ces sentiments transparaissent parfaitement dans les premières expressions de la résistance protestante, les modestes prières composées peu après la Révocation :

Les enfants ont déshonoré les pères et mères, les pères et les mères n'ont eu aucun soin de l'instruction de leurs enfants, l'amour-propre nous a dominés, l'orgueil nous a enflés, l'ambition nous a transportés, le désir de vengeance nous a rendus furieux et a enfanté mille procès et mille querelles qui nous ont divisés, nos volu(p)tés sales nous ont rendus infâmes et abominables, notre avarice a été comme un feu qui a tout embrasé et qui n'a jamais dit c'est assez, nous avons trompé nos prochains, nous les avons noircis par nos calomnies, tu nous as souvent admonestés, tu nous as souvent menacés par la bouche de tes serviteurs, mais nous avons fermé l'oreille et le cœur à tes remontrances et à tes menaces, tu nous as fait souvent sentir tes verges, mais nous n'en avons pas profité, nous avons vu la désolation de plusieurs églises, mais les exemples de ta colère ont peu dompté notre endurcissement [...] tu as démoli notre temple parce que nous l'avions profané par notre impiété, on y lisait ta parole, et nous remplissions ce saint lieu de murmures et d'entretiens profanes, on y prêchait ton évangile et nous entretenions nos esprits des pensées du monde, nous en sortions aussi corrompus que nous y étions entrés[21].

Dans cette optique, même les calamités naturelles deviennent les preuves de la colère de Dieu. Les allusions dans cette autre prière ne sont pas vagues : non seulement les caractéristiques du climat cévenol sont bien décrites, mais les hivers rigoureux comme les étés insupportables correspondent à ce que Le Roy Ladurie a relevé pour la période antérieure à la Révocation[22]. *Les dérèglements du climat sont eux-même annonciateurs des persécutions qui sont ici rappelées avec une précision inhabituelle pour les prières protestantes du temps, où les malheurs des réformés sont d'ordinaire assimilés à ceux d'Israël sans référence très explicite aux réalités de l'époque :*

Les saisons étaient souvent déréglées, les hivers extraordinairement rigoureux, les étés insupportables et souvent ils se confondaient l'un et l'autre par des dérèglements qui semblaient nous avertir des nôtres et qui nous causaient des maladies violentes. Les déluges fréquents emportaient quelquefois nos moissons et nos arbres et inondaient nos terres. Les sécheresses succédaient à ces premiers jugements et goutaient [*sic*] tous nos fruits cependant nous étions sourds à toutes ces voix et nous ne retournions point jusqu'à l'Éternel, aussi ta colère ne s'est-elle pas arrêtée à quelques coups de verge, tu as redoublé tous les châtiments, tu as fait passer et repasser chez nous le soldat insolent et cruel, il a logé à discrétion, il nous a pillés et nous a abattus sans qu'on nous donnât du secours et pour comble de nos maux, nous avons entendu publier à tout moment des arrêts foudroyants, tantôt contre nos personnes, tantôt contre nos enfants, tantôt contre nos domestiques, tantôt contre nos libertés les plus fortes et les plus précieuses, nous avons vu nos juges qui avoient été pris d'entre nos frères honteusement dégradés, nos artisans interdits, nos églises détruites, nos pasteurs exilés, et les grands et les petits, les riches et les pauvres, dans les alarmes continuelles[23].

LA FAMILLE GARDIENNE DE LA FOI

Ces prières dont nous ignorons les auteurs, ont été composées pour être méditées au cours de véritables cultes de famille où le père lisait la Bible, entonnait un psaume et rappelait les différences de doctrine qui séparent réformés et catholiques. Elles nous apportent un premier témoignage sur le rôle déterminant de la famille dans le maintien de la foi réformée ; ce n'est pas le seul, l'un des principaux inspirés de la guerre des Camisards, originaire de Barre-des-Cévennes, Élie Marion, nous en offre un autre plus explicite encore :

Je n'ai jamais su, ainsi que je viens de le dire, que dans notre famille il y eut aucun papiste ni aucun qui ait professé autre religion que la protestante suivant la confession des Églises de France, jusques en l'année 1685 que le Roi, comme l'on sait, par les dragons, par le clergé et les bourreaux, força tout son peuple protestant à embrasser le papisme. J'étais alors âgé de sept ans. Je n'ai jamais fait aucune abjuration ni acte de la Religion Romaine que d'aller quelque fois à la messe, étant forcé comme tous autres enfants par les maîtres d'écoles que le Roi avait envoyés dans tous les endroits protestants pour instruire la jeunesse. Les instructions secrètes que je recevais tous les jours par mon père et ma mère augmentaient si fort mon aversion pour l'idolâtrie et pour les erreurs du papisme qu'étant parvenu en âge de connaissance, je ne pratiquais plus que les assemblées des protestants qui se faisaient dans les déserts, dans les lieux cachés [24].

La confirmation de cette attitude nous est donnée, du côté des parents, par l'ancien secrétaire du consistoire de Saint-Hippolyte-du-Fort, Lezan. Vers la fin de sa vie, il note dans son livre de raison, en manière de conclusion :

Afin que mes enfants se puissent souvenir que la religion que nous professons et dans laquelle ils étaient entrés par le baptême, est toute pure et toute sainte, je m'en vas leur faire un abrégé très sincère de ce que nous y professions et de ce que nous y croyions afin qu'ils se conservent dans cette pureté et que lorsque Dieu leur voudra faire cette grâce de les tirer de la religion dans laquelle ils sont malheureusement entrés, ils ne fassent pas la sourde oreille à la voix de Dieu qui les appellera sans manque, comme il fit autrefois au peuple d'Israël après 70 ans de captivité. Et pour cet effet, je leur vas faire un abrégé de notre croyance et ensuite leur ferai voir ce que l'Église Romaine croit qui n'est point du tout conforme à la Parole de Dieu ni à la croyance des anciens pères de l'Église au lieu que la nôtre était conforme à cette divine parole et au sentiment des anciens Pères. Le

Seigneur me veuille assister dans cette œuvre et fasse qu'elle soit en édification à ma pauvre famille[25].

Si, dans les premiers temps de la Révocation, les autorités locales partagèrent l'optimisme de Versailles : les enfants seront du moins catholiques si les pères sont hypocrites, *elles durent rapidement déchanter ; et en 1698, Bâville avoue dans un mémoire :*

S'ils [les pères] envoient par force leurs enfants aux écoles pendant le jour, ils détruisent le soir tout le bien que les maîtres ont pu faire, et plus ils voient qu'on a d'attention à élever malgré eux leurs enfants dans la religion catholique, plus ils prennent de peine à leur donner des impressions contraires, ils attendent au moins que leurs enfants soient sortis de l'âge de douze ans pour les filles, et de quatorze ans pour les garçons et alors ils les persuadent tout ce qu'ils veulent et leur font suivre leurs mauvais exemples, tout ce qui s'est fait auparavant ne sert plus de rien[26].

Quant aux femmes, pour l'évêque d'Alais : Elles sont la principale cause de désordre des familles pour ce qui regarde la religion, elles retiennent leurs maris et inspirent tout ce qu'elles veulent[27]. *Les notables, restés fidèles, se contentent de cette résistance familiale clandestine ; les plus audacieux d'entre eux brocardent la liturgie catholique ou refusent le prêtre à l'heure de la mort. Ce sont en tout cas les seuls délits pour lesquels ils sont poursuivis massivement*[28].

LA RÉSISTANCE OUVERTE

Le peuple des campagnes affirme très tôt publiquement son hostilité à sa nouvelle religion. D'abord, dès que la contrainte se relâche un peu, plus personne ne fréquente l'église : le vicaire de Gallargues (près de Nîmes) en fait la triste expérience, moins de deux ans après la Révocation :

[Registre de la communauté de Gallargues] 1685, 27 Juillet [Dans l'église du lieu] le Sr Fabre, prêtre, représente que pendant trois ou quatre mois qu'il a été malade, la plupart se sont beaucoup relâchés de leur devoir et de leur zèle pour la religion, ce qui l'obligerait d'en donner incessamment avis aux puissances. Sur quoi a été délibéré qu'on distribuera à l'entrée de l'église au commencement de chaque messe à chaque particulier qui y entrera, des cachets qui seront de suite rapportés chez Messieurs les inspecteurs de chaque quartier pour être ensuite vérifiés sur le nombre des particuliers et des familles, se chargeant lesdits consuls Sieurs Consuls de faire emprisonner incessamment à la sortie de la messe ceux qui ne seront pas tenus dans le respect et la décence requise [...] A quoi tous les habitants illec présents se sont soumis [...] remerciant en tant que de besoin le Sr Fabre vicaire, des soins et de la peine qu'il prend pour le bien et avantage de chacun[28 bis].

Ensuite les cultes de famille peuvent s'agrandir, réunissant des amis et des voisins, devenant ainsi presque publics. La pratique paraît même antérieure à la Révocation et s'est développée dès la démolition des temples, puisqu'en août 1682, une déclaration royale interdisait aux prétendus réformés de s'assembler sous prétexte de prières publiques... ailleurs que dans les temples et avec un ministre du culte[29]. *Pour aider à la multiplication de ces cultes, des protestants exilés, qui faisaient donc partie de ce que l'on a appelé le Refuge, impriment* Une véritable liturgie pour les chrétiens privés de pasteurs *dont les autorités saisirent plusieurs copies manuscrites.*

Mais surtout les plus audacieux se réunissent au Désert *pour prier Dieu comme ils le veulent. Le mot Désert ici n'est pas seulement pris dans son sens propre, lieu écarté et solitaire, mais plus profondément dans le sens biblique.*

Les premières assemblées clandestines sont attestées très tôt. Dix jours après la Révocation, on entend dans une métairie près d'Anduze, quelques personnes chanter le psaume LXIX. Le dimanche suivant dans la paroisse voisine, plus d'une centaine de personnes tiennent là une première assemblée avec chants de psaumes et prédications. *A Vauvert (15 km au S.-O. de Nîmes), dans le souterrain d'un château quelques jours avant la Noël 1685, un proposant* de Nîmes, Fulcran Rey, adjure ses auditeurs* de ne point aller à la messe pour s'y prosterner devant les images de Baal[30]. *Exemples parmi d'autres, qui pourraient être multipliés par dizaines. Il n'est pas douteux que nombre des premiers assistants se recrutent parmi les fugitifs qui ont refusé de céder. Mais il en est aussi plusieurs qui regrettent déjà leur abjuration et qui trouvent dans les risques courus une manière de repentir. C'est sans doute l'un d'entre eux qui composa cette prière destinée à être récitée en arrivant sur les lieux de l'Assemblée :*

[Une] partie des personnes qui composent toutes nos Églises de France ont renié ta vérité de bouche, par écrit ou par leurs actions criminelles ; certainement nous avons été des lâches et des timides ; nous nous sommes précipités comme de l'eau, nous avons plus craint les hommes que toi, ô Dieu, puisque nous avons abandonné la pure et sainte religion qui nous avait été laissée par les prophètes et par les apôtres et que

* Jeune homme ayant terminé ses études de théologie, mais qui n'a pas encore reçu l'imposition des mains et n'est donc pas pasteur.

nos pères nous ont transmise au péril de leur sang et de leur vie. Juste juge, notre péché est si énorme qu'il nous effraye, notre conscience nous le reproche à toute heure, nous ne pouvons plus souffrir les frayeurs que nous cause l'horreur que nous avons de notre péché : nous te voyons depuis notre Révolte que comme un juge irrité tout prêt à nous précipiter dans les enfers, c'est pourquoi, ô Dieu, nous venons en ces lieux pour gémir, pour pleurer amèrement ; nous y venons même au milieu des dangers qui nous environnent, comme des brebis qui vont à la boucherie, maintenant nous ne craignons plus ceux qui tuent le corps, mais nous te craignons, ô Dieu, qui peut tuer le corps et l'homme [l'âme ?] et les précipiter dans le gene du feu *. Autrefois dans la tiédeur où nous vivions, nous méprisions la manne spirituelle parce qu'elle tombait à notre porte : mais maintenant qu'elle cesse de tomber, nous la venons chercher bien loin. Ô Seigneur Jésus, vrai prince de vie descendu du ciel, donne nous toujours de ce pain qui nous nourrisse dans l'espérance de la vie éternelle, nous te suivons partout ô Dieu pour en être rassasies quand même tu nous mènerais dans les prisons, dans les galères, sur les échafauds, ou quand même [on] nous massacrerait sur le champ comme il est arrivé à plusieurs de nos frères [31].

L'ÉGLISE DES PRÉDICANTS

Si les premières réunions ont lieu quasi spontanément, sans projet d'ensemble, et sont animées au hasard des rencontres, dès le début de 1686, certains réformés ont une ambition plus large : remplacer les pasteurs défail-

* Sans doute inversion de l'expression biblique : feu de la géhenne, c'est-à-dire l'enfer.

lants en convoquant systématiquement des assemblées et restaurer ainsi le culte : ce sont les Prédicants, *simples laïques qui ne se content plus de lire des sermons des pasteurs d'avant la Révocation mais composent leurs propres prédications, baptisent et même distribuent la cène, dans la tradition même du sacerdoce universel. Charles Bost qui a fait l'histoire minutieuse de ces prédicants, en trouve déjà cinq au travail dans la zone de Saint-Jean-du-Gard-Lasalle en janvier 1686 : ils réunissent cinq assemblées qui regroupent plusieurs centaines de fidèles. Parmi eux, un ancien régent d'une vingtaine d'années, François Vivent, originaire de Valleraugue, allait devenir leur chef. A lui, se joignaient bientôt l'ancien avocat Brousson et plusieurs dizaines d'autres. Pour la seule zone des Cévennes et du Bas-Languedoc, et dans la période 1686-1700, Ch. Bost en a recensé plus de soixante, tous ou presque d'origine modeste, paysans ou plus souvent artisans, cardeurs, tisserands et cordonniers. Leur formation est très sommaire : les plus instruits étaient d'anciens régents ou des chantres, mais beaucoup savaient à peine lire et écrire. Brousson, par son origine sociale comme par sa formation, faisait seul exception, d'où son prestige et son influence.*

Au début, et sous l'impulsion de Vivent, les participants aux Assemblées n'hésitaient pas à porter les armes pour pouvoir se défendre si les dragons les attaquaient. De même, les prédicants furent en rapport avec l'étranger et les ennemis du roi pendant la guerre de la Ligue d'Augsbourg. Plusieurs projets de débarquement des Alliés en relation avec les prédicants qui organiseraient alors un soulèvement, furent ainsi élaborés : deux tentatives furent même entreprises, sans grand succès, en septembre 1689 et mars 1690. Évitons sur ce point l'anachronisme des historiens catholiques du XIX*e siècle, qui s'emparèrent de ces faits pour « prouver » que les protestants français avaient toujours été les agents permanents de l'étranger.*

Les âmes les plus ardentes se sentaient autant membres d'une chrétienté qu'attachées à un État ; et, en révoquant l'édit de Nantes, le roi avait rompu à leurs yeux un pacte sacré : un siècle auparavant, des catholiques convaincus étaient soutenus par l'Espagne de Philippe II, tandis que sous Louis XIII, le parti dévot ne se sentait pas infidèle en établissant des liens avec la cour du même pays. Mais ces relations indéniables avec les ennemis du roi renforcèrent les autorités dans leur idée que le culte interdit était une menace pour le royaume tout entier et méritait un châtiment exemplaire, et ceci même lorsque Brousson, qui avait accepté d'abord la violence, en vint, après 1692, à la mort de Vivent, à la conception d'une résistance purement spirituelle sans recours aux armes tandis que les Assemblées étaient désormais purement pacifiques.

Cette évolution significative de l'un des deux principaux prédicants est résumée dans un beau texte où l'ancien avocat établit un rapport entre les événements du présent et un récit de l'Ancien Testament (la vision d'Élie au mont Horeb — Rois I, XIX, 10), selon une pratique courante à l'époque :

Dieu voulant par là nous faire comprendre qu'en ce dernier temps, il s'élèverait d'abord un terrible vent de persécution qui serait excité par le faux zèle de mauvais pasteurs et qui ébranlerait la foi des plus fermes [persécutions de 1679 à 1688]. Après ce vent, un tremblement de terre mystique, c'est-à-dire un grand mouvement de peuple [Ligue d'Augsbourg] comme nous l'avons vu dans toute l'Europe, après ce terrible vent de persécution qui a ébranlé la foi de tant de fidèles. Mais que ce n'est pas non plus par cette voie que Dieu convertirait les hommes et achèverait d'établir son règne. Que ce tremblement de terre mystique serait suivi d'un feu d'indignation et de vengeance, dont plusieurs serviteurs de Dieu et autres fidèles seraient enflammés, comme il a déjà paru dans les vallées du Piémont, en France et ailleurs, et comme il pourrait encore paraître dans la suite [allusion aussi aux tentatives dont nous venons de parler]. Mais que ce ne serait pas non plus par cette voie que Dieu convertirait les hommes et qu'il établirait son règne. Et qu'enfin ce feu mystique serait suivi d'un son coi et subtil, c'est-à-dire de la prédication de l'évangile faite avec un esprit de douceur et de charité, et que ce sera par cette voie que Dieu convertira les peuples et qu'il achèvera d'établir son règne par toute la terre[32].

Très tôt, dans leur souci de continuité, les prédicants s'efforcent de reconstituer une véritable Église. Eux-mêmes veulent d'abord obtenir une légitimation. Celle-ci leur est fournie par le peuple protestant qui les investit de la fonction de pasteur, et ceci conformément à l'ancienne tradition réformée, puisqu'un pasteur pour être accepté devait prêcher trois fois devant les fidèles et qu'il ne pouvait point être donné au peuple contre son gré, ni même au mécontentement de la plus grande partie[33]. *Un ami des prédicants, dans une lettre de 1695, explique la procédure :*

Quand le peuple les nomme pasteurs, il faut que premièrement il leur ait entendu faire quelques prières, quelques exhortations et voici comment on y procède selon que Paul Coulognac, surnommé Dauphiné du lieu de Cros-de-Saint-Hippolyte dans les Cévennes, me récita avoir été fait à son égard. Il se trouva, me dit-il, à une assemblée de 500 personnes que l'on faisait dans un désert du lieu de La Salle au commencement de l'année 1691, et s'étant mis à lire devant tous l'Écriture sainte et fait ensuite une prière selon les mouvements de son cœur, il entendit d'abord la voix du peuple qui le nomma pour son pasteur, le priant avec des larmes de leur servir dans cette conjoncture présente ; et s'excusant sur son incapacité et sur l'insuffisance où il se trouvait de remplir dignement toutes ces fonctions, les bienheureux fidèles réitérèrent leurs demandes par plusieurs fois ce qui obligea Dauphiné d'accepter cette offre [34].

De même, ils organisent leurs assemblées à la manière des anciens cultes. Mais toute une partie est consacrée à un acte capital après les abjurations collectives, la réconciliation avec Dieu, *c'est-à-dire la* contre-abjuration, *le retour à l'Église réformée. Dans le texte qui décrit la scène, on notera le refus des ambiguïtés, et du double jeu, ainsi que le rappel des oppositions théologiques :*

Ils se mettent devant une table que l'on pose au lieu le plus convenable de la chambre et, paraissant là avec leurs habits ordinaires, ils commencent par cette exhortation : mes frères, qu'un chacun de vous se présente devant la face du Seigneur avec confession de ses fautes et de ses péchés, etc. Après cela, ils disent la prière de la confession [...] Ensuite ils font chanter un psaume ou quand le lieu ne le permet pas, ils le lisent. Le psaume étant chanté, ils font une prière pour implorer le secours du Saint-Esprit afin de pouvoir exposer sa parole à son peuple avec la même pureté que ses fidèles serviteurs, les prophètes, les évangélistes et les apôtres nous l'ont laissé par écrit. Ensuite ils prennent un texte dans l'Écriture sainte qu'ils expliquent au peuple en manière de sermon ; ayant fini le sermon, ils demandent à toute l'assemblée s'il n'y a pas quelques-uns parmi eux qui se veuillent réconcilier avec Dieu et son église et entrer par ce moyen dans la communion des saints qu'ils avaient lâchement abandonnés. Alors, ceux qui se trouvent dans ce sentiment se viennent mettre à genoux devant eux et alors ils commencent par leur montrer l'énormité du péché qu'ils ont commis en abandonnant le parti de Jésus-Christ et la vérité de son évangile ; cela étant fait, on leur demande s'ils sont repentants de ce péché et s'ils veulent désormais vivre et mourir dans la religion réformée malgré les promesses et les menaces du monde, s'ils renoncent de bon cœur aux erreurs de l'Église romaine comme à la messe et à toutes ses dépendances qui sont la présence réelle de Jésus-Christ dans le sacrement, l'adoration de l'hostie, la transsubstantiation, le retranchement de la coupe et les messes sans communiants, s'ils ne regardent pas tout cela comme des fictions humaines et des erreurs grossières que Dieu condamne dans sa Parole ; s'ils ne regardent pas aussi comme contraires à cette même parole, le service des images, l'invocation des saints, les indulgences, le purgatoire, la prière pour les morts, le mérite des œuvres, les vœux monastiques, le célibat forcé et toutes les autres erreurs de cette même Église romaine. Il faut qu'ils répondent oui, chacun en particulier aux questions qui leur sont posées. Après cela, ils leur font promettre de n'aller jamais plus à la messe et de prendre bien garde de ne se point souiller avec cette impure Babylone soit par des mariages ou autrement, ni de permettre que leurs enfants y soient élevés [...]. Ils leur défendent ensuite de ne présenter aucun enfant en baptême dans cette Église romaine, ni d'en accompagner aucun comme aussi de ne se trouver point aux enterrements qu'ils font, quand même ce serait de leurs proches parents. Ayant donc promis chacun en particulier d'accomplir toutes ces choses, moyennant la grâce du Seigneur, ils leur annoncent la rémission de leurs péchés, disant : « Au nom et en l'autorité de Jésus-Christ et comme fidèle ministre de la Parole, je vous annonce la rémission des péchés et qu'il n'y a pour vous aucune condamnation, puisque vous êtes en

Jésus-Christ. » Ils font ensuite une prière afin qu'il plaise à Dieu de les assister de sa grâce et des lumières de son Saint-Esprit pour pouvoir accomplir la promesse qu'ils ont faite.

Et le texte se poursuit par la description de la liturgie de communion, qui se veut conforme à la liturgie traditionnelle des églises réformées de France[35].

LES SERMONS AU DÉSERT

On peut se demander comment des laïques sans formation approfondie pouvaient prêcher. Sur ce point nous possédons assez d'exemples pour nous en faire une idée. Beaucoup de prédicants se contentaient de redire des sermons appris par cœur, d'abord ceux des pasteurs d'avant la Révocation, mais les textes n'étaient pas toujours adaptés à la situation. Aussi, très rapidement, utilisèrent-ils des sermons du temps, quelques-uns composés par des pasteurs du Refuge, la plupart écrits par le seul d'entre eux qui ait reçu une culture classique, Brousson, comme une jeune femme arrêtée en 1691 le révèle à un adjoint de Bâville : C'est Brousson qui compose les sermons à Vivent et aux autres prédicants, lesquels récitent lesdits sermons qu'ils apprennent par cœur[36].

Les copies des prédications de l'ancien avocat sont nombreuses : les autorités en saisirent à plusieurs reprises dans les havresacs des prédicants arrêtés, mais des particuliers gardaient eux aussi précieusement ces textes. Par exemple cette famille de la Bécédelle, qui nous a déjà fourni plusieurs prières, et chez qui l'on trouve une copie des Démons servis par les idoles *(d'après 1 Cor. x-19-21), sermon composé en 1690 et prêché 12 fois par*

Brousson, qui résume bien les caractères de la prédication du Désert : souci de la controverse avec le rappel des principaux points de litige avec l'Église catholique, y compris le rejet des fêtes, manifestation d'une culture populaire traditionnelle, assimilation du pape à l'antéchrist et de la communion romaine à la bête de l'Apocalypse, refus du double jeu.

Après avoir expliqué le sens de ces versets, Brousson les actualise :

Nous avons remarqué qu'autrefois les principaux gentils étaient les Romains païens. Aujourd'hui les nouveaux gentils sont les Romains antichrétiens qui ont renouvelé l'idolâtrie de leurs pères. Ils avaient été convertis des idoles au Dieu vivant et véritable mais ils ont imité le chien qui reprend ce qu'il a vomi et la truie lavée qui se vautre de nouveau dans le bourbier, comme saint Pierre l'avait prédit dans le IIe chap. de II épître catholique. Les nouveaux gentils font bien profession de croire qu'il y a un Dieu souverain qui est le Dieu du ciel et de la terre mais à l'imitation des anciens gentils ils disent que les esprits célestes, c'est-à-dire les anges et les saints qui sont déjà bienheureux sont autant de médiateurs entre le Dieu souverain et les hommes; autant d'intercesseurs et de Dispensateurs des grâces célestes. L'Évangile ne nous parle pourtant que d'un seul médiateur, d'un seul intercesseur, d'un seul dispensateur de grâces célestes qui est Jésus-Christ [...]

Cependant les nouveaux gentils laissent cette fontaine d'eau vive pour aller vers des citernes crevassées. Car à l'imitation des anciens gentils, ils ont imaginé une infinité d'autres prétendus médiateurs, intercesseurs et dispensateurs de grâces célestes, qu'ils prennent pour leurs protecteurs et pour leurs patrons et auxquels ils ont tous leur recours. Chaque royaume, chaque ville et chaque village en prend un ou plusieurs pour ses patrons comme faisaient les gentils. Chaque famille, chaque personne et ceux qui professent une même science, ou un même art en prennent aussi quelqu'un pour leur patron.

Ils leur rendent même leurs hommages religieux comme les gentils les rendaient à leurs patrons et dieux tutélaires ; ils leur bâtissent des temples comme les gentils en bâtissaient à leurs patrons, ils leur dressent des autels sur lesquels ils mettent leurs reliques pour les adorer comme le pratiquaient les gentils. Ils leur consacrent des images devant lesquelles ils se prosternent et devant lesquelles ils font les prétendus sacrifices de la messe comme les gentils consacraient des images à leurs patrons, se prosternaient et faisaient des sacrifices devant ces images, ils leur célèbrent de fêtes votives, qui sont déjà de réjouissance, de jeu, de danse et de débauche comme étaient les fêtes que les gentils célébraient en l'honneur de leurs patrons. [...]

Nous voyons bien maintenant l'accomplissement de ce que l'esprit de Dieu nous avait prédit dans la I Ep. de saint Paul à Timothée, chap. IV, vers. 1 et suivants où il nous était dit qu'au dernier temps quelques-uns se révolteraient de la foi, s'attachant aux esprits séducteurs et aux doctrines des démons, [...] défendant de se marier et commandant de s'abstenir de viandes que Dieu a créées pour les fidèles. Ce sont eux qui, par hypocrisie et pour séduire les simples, enseignent de mensonges, de fables et de faux miracles qu'ils appellent de fraudes pieuses. Ce sont eux qui ont la conscience cautérisée, c'est-à-dire la conscience endurcie et morte comme les parties du corps où le feu a été appliqué ; car tous les jours ils tourmentent et font mourir des innocents sans aucun scrupule de conscience. [...]

Aussi voyons-nous dans le XIII chap. de l'Apocalypse que l'esprit de Dieu nous parlant de la Bête qui signifie l'antéchrist romain, le chef de l'Église antichrétienne et idolâtre, nous dit que ceux qui suivent cette bête mystique, c'est-à-dire ceux qui vivent dans la Communion de ce faux pasteur et qui, comme lui, se prosternent devant les idoles, adorent le dragon qui est le diable et Satan comme il est dit dans le XX chap. de la même Révélation. C'est pourquoi dans le même chap. XIII il est dit que ceux qui suivent la bête sont ceux dont les noms ne sont point écrits dans le livre de vie de l'agneau [...]. Après cela, ne frémissez-vous point d'horreur, vous misérables pécheurs qui, pour éviter de souffrir pour la gloire de votre Dieu, avez renié sa sainte doctrine et vous étiez plongés dans une idolâtrie et une apostasie damnables ? ne frémissez-vous point d'horreur lorsque vous considérez que vous êtes sortis de la communion de votre Sauveur et de votre Dieu, vous êtes entrés dans Celle de l'antéchrist et du démon ? N'êtes-vous pas épouvantés quand vous pensez que toutes les fois que vous vous êtes prosternés devant les dieux de pâte et de fiente, ou devant les autres idoles, vous avez adoré le diable qui est celui qui a inventé l'idolâtrie pour se faire adorer lui-même ? [...]

Ne vous imaginez pas que le service que vous lui rendez en particulier ou que vous venez lui rendre dans ces Saintes assemblées lui soit agréable, si vous allez ensuite vous prosterner devant les idoles. Ce grand Dieu qui est jaloux de sa gloire ne veut point de partage avec le diable. Vous ne pouvez boire la coupe du Seigneur et la coupe des démons : vous ne pouvez être participants de la table du Seigneur et de la table des démons [37].

Cependant nombre de prédicants n'hésitaient pas à modifier les textes qu'ils recevaient, en particulier ceux des pasteurs du Refuge dont la rhétorique philosophique était souvent peu adaptée aux assemblées clandestines. Parfois ces hommes, d'origine très humble, composaient eux-mêmes des prédications. Le souvenir des sermons qu'ils avaient entendus, ou lus, la lecture quotidienne de la Bible, nourrissaient leurs inspirations, mais ils savaient aussi faire parler leur cœur ; leurs exhortations sont souvent plus émouvantes et devaient mieux toucher les interlocuteurs que les développements intellectuels des pasteurs régulièrement formés du XVIIe *siècle, ceci en dépit d'un français parfois approximatif, sous l'influence de l'occitan, et malgré des maladresses de style. Ainsi Antoine Rocher : quand on l'arrêta en août 1686, on trouva sur lui cinq cahiers de sermons. L'intendant Bâville et son subdélégué ne purent croire que ces textes si longs et avec peu de ratures fussent l'œuvre d'un simple cardeur de laine qui avait autrefois rempli de modestes fonctions de chantre dans la petite église cévenole de Barre-des-Cévennes. Antoine Rocher revendiqua entièrement la composition de ces prédications, ce qui n'est pas douteux ; les confusions de mots en sont une preuve et nous rencontrerons bien d'autres méditations de qualité dont les auteurs n'étaient pas plus instruits que Rocher. Dans le sermon le plus ancien, dont une partie de l'exorde est ici reproduite, il compare une plaie d'Égypte, la disparition du soleil, avec la Révocation : il sait partir de l'expérience concrète de son auditoire rural et a pleinement conscience de ses limites et de celles de ses compagnons, ce qui ne l'empêche pas de vouloir lui apporter* cette sainte parole comme autrefois vos menistres :

« SI VOUS SUIVEZ CETTE LUMIÈRE »...

Mais de toutes ces plaies dont Dieu visita ce peuple, il n'y en avait pas de plus triste que celle de ténèbres que Dieu envoya sur ce pays. Il n'y avait pas, soumisemble * de plus affligeantes que celles de la privation de ce bel astre que Dieu leur avait donné pour les éclairer. Vous voyez que lorsqu'il arrive quelque jour qui se lève de brouillards ou de vapeurs, qui empêchent que ce soleil ne peut répandre ses rayons sur notre horizon, nous sommes tout pleins de chagrin et d'inquiétude dès que ce bel astre ne nous éclaire pas de sa lumière. Il semble que la terre soit en deuil dès qu'elle n'est pas illuminée des rayons de ce soleil. Outre encore que le soleil a la faculté de faire produire la terre et de la rendre fertile, car sans le soleil la terre ne produirait point de fruits. La lune aussi ne donnerait aucune lumière, car la lune n'a point de clarté qu'elle n'ait empruntée au soleil. C'est donc ce soleil qui fait produire la terre, qui fait croître les plantes et qui leur fait produire et leurs fruits et leurs fleurs. Jugez, mes frères, si les Égyptiens n'avaient pas sujet d'être affligés, se voyant privés d'un si grand et d'un si glorieux avantage. Il est vrai qu'il y avait un endroit qui s'appelait la terre de Gossen, que Dieu avait choisi pour retirer son peuple, où Dieu les faisait encore jouir de la lumière du soleil, tandis que l'Égypte était en ténébres.

Voilà, mes frères, un emblème de ce qui nous arrive aujourd'hui dans la France. Il est vrai que les ténèbres de l'Égypte étaient bien différentes de celles de la

* Exemple typique de l'influence de la langue d'oc sur le français. Le prédicant veut dire « ce me semble », en occitan « aïsso mi semble ».

France, car en Égypte ils n'étaient privés que du soleil de la nature, dont nous jouissons encore. Ils n'avaient pas cet avantage d'être éclairés de la lumière divine, mais nous, dans la France, nous avions ce « soleil de justice », Jésus-Christ Notre Seigneur cet « Orient d'en haut qui portait la santé en ses ailes ». Mais maintenant s'est éclipsé du milieu de nous. Il ne donne plus sa lumière et ne nous favorise plus de ses grâces. Ces villes et ces lieux qui autrefois éclairaient tout en gloire et en splendeur, maintenant sont devenus des Égyptes ou des Sodomes tout enveloppées de fumée ; on n'y entend plus la voix de l'époux ni de l'épouse, on n'y entend plus la voix de la vérité. Le mensonge y crie à plein gosier, et semble qu'il triomphe tout à fait de la vérité. Il est vrai, mes frères, qu'il y a encore ici comme un autre Gossen, où Dieu fait encore jouir de quelque petit rayon de cette lumière divine. Non pas qu'il éclaire de toute sa force, car c'est comme quand le soleil est offusqué par le nuage. Je veux dire que nous, qui sommes ici, qui vous prêchons cette Parole, nous ne pouvons pas vous entretenir de matières de théologie. Je veux dire que nous ne pouvons pas vous expliquer cette sainte Parole comme autrefois vos menistres. Mais suivant les lumières que Dieu nous en a données, nous vous entretiendrons de sa Parole. Nous sommes comme de petite lugminions [*sic*] fumants, mais il ne reste pas que par le moyen de cette lumière, si vous la voulez suivre, que vous ne parveniez au Royaume des Cieux : si vous suivez cette lumière, vous pouvez vous conduire dans le désert de ce monde, en attendant que Dieu rallume ce divin flambeau. Autrement, si vous ne suivez cette lumière qui vous éclaire maintenant vous ne pouvez que tomber dans les ténèbres[38].

DES CARDEURS MÉPRISÉS

La sociologie des participants aux assemblées peut être établie à partir des procédures judiciaires. Les résultats sont sans ambiguïté : il s'agit en très grande majorité de gens du peuple, dans la proportion des 9/10, avec une prédominance d'artisans ruraux (environ la moitié des gens poursuivis) et parmi eux les artisans du textile (plus du tiers) ; la profession qui revient le plus souvent dans toutes les listes est celle de cardeur[39]*. Sociologie qui prolonge celle que Le Roy Ladurie avait décelée par la diffusion de la Réforme en Cévennes*[40]*, et qui annonce celle des Camisards.*

Cependant cette église du Désert ne fut pas toujours appréciée, ni soutenue par les protestants eux-mêmes. Son caractère populaire comme l'absence des pasteurs et leur remplacement par des laïques, sans parler de la désobéissance aux ordres royaux, suscitèrent méfiance et inquiétude : on le pressent chez les notables restés en France qui n'osent pas désavouer les réunions clandestines, mais à quelques exceptions près n'y participent pas. L'opposition est plus ouverte dans nombre de milieux influents du Refuge, en particulier chez ceux qui continuent à défendre le principe de l'obéissance sans condition au souverain et qui n'espèrent un adoucissement du sort des protestants que par la persuasion de Louis XIV. Ce groupe préconise le culte de famille et, au pire, l'exil plutôt que la convocation d'assemblées en France. A plusieurs reprises, des prédicants passés à l'étranger durent se justifier. Ainsi Roman ; son apologie des assemblées donne une idée des critiques faites à l'église du Désert :

J'arrivai [à Genève] le 15 de juin 1697. J'y séjournai environ trois semaines, mais sous une croix plus rude et plus pesante que dans les cavernes des Cévennes parce que quelques particuliers m'accusaient d'être un tentateur et persécuteur, disant que mes assemblées étaient la cause de tous les malheurs qui arrivaient en Languedoc. Sur quoi voici précisément ce que je leur répondis pour ma défense :

« Vous avez tort, messieurs, de m'appeler tentateur, si ce n'est que prier Dieu, exhorter, convaincre, enseigner et reprendre soit une tentation ; car c'est l'œuvre à laquelle je m'emploie journellement [...]. Si c'est être tentateur que d'exhorter mes frères à sortir de Babylone et à souffrir le martyre plutôt que de demeurer dans la communion de Rome, j'avoue que je le suis. Mais comme Dieu ne tente point à mal, je ne tente aussi que pour le bien et le salut des autres. J'expose ma vie pour l'amour de Dieu et de son peuple. La crainte des tourments que les hommes pourraient me faire souffrir, ni toute votre philosophie ne seront jamais capables d'un si juste dessein. N'est-il pas de notre devoir de courir au secours de ceux que nous voyons périr par faute de lumières et d'exhortations et de nous exhorter les uns les autres ? [...] Vous me répondez que pour cela il faut aller de maison en maison. Mais hélas qui ne voit que la division est si grande qu'il faut que le mari se cache de sa femme et la femme de son mari, les pères et les mères de leurs enfants ; outre que les domestiques sont nos propres ennemis, enfin que de cinq d'une maison, deux sont contre trois, et trois contre deux ; joint que le plus fort parti est celui du nombre. Il y a beaucoup d'appelés et peu d'élus. La faiblesse accompagnée de timidité fait que tous ne sont pas bien disposés pour recevoir la parole de Dieu, et c'est ce qui m'empêche d'avoir entrée dans toutes les maisons. Il faut donc de toute nécessité rassembler le résidu selon l'élection de grâce. De plus cette moisson est tellement étendue que pour aller dans tous les lieux, sans compter les maisons écartées, il faudroit un bien plus grand nombre d'ouvriers.

« D'ailleurs les prières dans les saintes assemblées sont infiniment plus ardentes que dans les lieux particuliers [...] L'assemblée des fidèles est le corps mystique de Jésus-Christ [...] c'est dans ces fraternelles assemblées que chacun donne gloire à Dieu, à la vue de son peuple ; c'est là qu'ils s'édifient, se fortifient, et se consolent mutuellement en Dieu par leur présence, les uns avec les autres. Ils y conçoivent cet amour chrétien si expressément commandé dans la parole de Dieu [...].

« Ne dites donc plus que je suis la cause de la perte des corps et des biens de quelques-uns ; car si cela est, il faut accuser Jésus-Christ d'une cruauté semblable à celle qu'Hérode exerça sur les petits enfants de Bethléem, et imputer aux apôtres et ministres des premiers siècles les persécutions qui ont été faites à tous ceux qui croyoient en Jésus-Christ [...]. Vous me dites encore que ces hommes-là savent leur devoir sans que personne leur prêche [...]. Cependant s'il ne faut pas prêcher à ceux qui sont illuminés, à quoi bon les pasteurs annoncent-ils la parole dans Genève, car le peuple y est aussi bien éclairé et même plus que dans le royaume de France ? [...] Vous me répliquez qu'en France, il n'est pas permis de prêcher. Mais si le roi le défend, Dieu le commande ; jugez vous-mêmes auquel il est plus juste d'obéir [...]

« De plus vous me demandez pourquoi ces gens-là ne sortent pas du royaume. Je vous dirai sur cela qu'il faut beaucoup de courage et de résolution pour tout abandonner. Entre un grand nombre d'obstacles qui se présentent à leurs yeux, ils craignent les embûches sur les chemins et les misères infinies où se précipitent ceux qui fuyent. Il est donc d'une nécessité de la dernière importance d'aller prêcher à ces pauvres malheureux et de leur remontrer leurs justes devoirs, en leur persuadant qu'il n'y a point de milieu qu'il faut sortir du royaume ou redresser leurs églises au prix de leur sang [...]. Pour ce qui est de moi, je suis fort convaincu, que le plus court moyen pour rétablir les Églises de France auroit été d'y prêcher partout, parce que les martyrs par leur constance auraient lassé la cruauté de leurs ennemis[40 bis]. »

LA RÉPRESSION ROYALE

A plus forte raison, les autorités royales réagirent avec beaucoup de violence face à ce culte renaissant : les participants aux assemblées surprises sont envoyés en prison ou aux galères, les prédicants et leurs adjoints exécutés. Près de mille obstinés religionnaires sont ainsi condamnés aux galères et 70 roués vifs ou pendus (dont 5 femmes) ; des familles entières sont détruites, comme celle de Jean Roques de Lasalle, adjoint d'un prédicant : arrêté, il est pendu tandis que l'un de ses frères est aux galères, que sa femme, ses enfants, sa mère et l'une de ses sœurs se cachent dans les bois ; son oncle et son cousin sont morts à La Tour-de-Constance, une de ses cousines sur le vaisseau qui la transportait aux Antilles ; quant à sa tante et à ses deux autres cousines elles ont disparu dans le naufrage du même navire au large de la Martinique[41].

Quelques-uns, plus chanceux, réussissent à s'échapper, tel le fileur de soie Antoine Gavanon, dit La Verdure, compagnon de Vivent, qui composa lui-même une complainte sur son aventure :

Qui veut savoir la trahison
Qu'a fait le traître Montredon ?
L'a faite d'une grande ruse

A La Rouvière [Papus *] et La Vérune
Qu'il les voulait tous deux livrer
En les mains de ses [?] meurtriers.

Mais Dieu qui par sa volonté
La Rouvière a conservé.
L'a conservé d'une manière
Se jetant dans une rivière
La Verune dit Gavanon
Fut conduit dedans la prison.

Et le gouverneur lui disait :
« Déclare le nous en secret
Et nous te sauverons la vie,
Je te le dis sans flatterie,
Si tu veux déceler pourtant
Quelqu'un des autres proposants.

Nous te les voulons bien nommer
Le sieur Brosson ** et Dauphiné
L'autre qui s'appelle Lapierre,
Je te le dis en tel[le] manière
Si tu veux être délivré
Bientôt de la captivité. »

La Vérune fut bien chrétien
De vouloir dire jamais rien
« Si rien ne lui sauve la vie
Que ce que l'on veut qu'il nous die,
S'il vous le dit, en vérité
Que son procès soit bien jugé ! »

Un samedi, après soupé
Lui vint au cœur de se sauver

* Autre prédicant.
** Brousson.

De se sauver sans grand bagage
Car il fallait prendre la nage.
Il se jeta dans le fossé,
Et Dieu le mit en liberté.

Mais comme il était fort tard
La guette était sur le rampart.
Lui cria : « Qui va là ? Arrête ! »
Comme il était en retraite
Son fusil lui fit un faux feu
et Dieu le sortit de ce lieu.

La Vérune a tant marché
Dieu l'a conduit en sûreté.
Jusques à joindre La Rouvière,
Qu'il [qui] lui dit en cette manière :
Dites-moi un peu la vérité,
Comment vous êtes-vous sauvés ? »

« Dites-moi donc la vérité,
Comment vous êtes-vous sauvés ?
C'est un miracle manifeste
Qui vous a bien rendu la tête !
Il a été votre renfort
De vous avoir sorti du fort ! »

Dieu n'a pas manqué de moyens
Lorsqu'il veut conserver les siens.
Encore avecque nos souffrances,
Nous fera voir la délivrance,
Et nous chanterons hautement
Les louanges du Tout-Puissant.

Qui a fait les vers en chanson ?
La Vérune, jeune garçon
Il les fit loin de son village

Dans le bois, parmi le feuillage.
Fallait bien qu'il les fît aux champs
A cause qu'il était errant[42].

Les communautés dans les territoires desquelles s'est tenue une assemblée, étaient soumises à l'amende, aux logements de gens de guerre et à de multiples vexations comme la paroisse de Vébron en 1698 :

Le détachement alors était tous les soirs et les jours presque en campagne et d'une maison à l'autre on les fouillait pour voir si on avait des armes, des livres. Si on en trouvait on condamnait ou aux galères ou à l'amende. Ils cherchaient les pots [pour] voir si on y avait cuit de la viande et les jours maigres et le carême et on faisait payer l'amende s'ils en trouvaient. On faisait venir le monde à la messe par l'amende, par garnison de soldats ou à coups de bâton. On comptait le monde (et on les appelait un par un par leur nom) à la porte comme des brebis et celui qui manquait était châtié. On forçait petits et grands à confesser, à communier et on donnait des billets à ceux qui avaient fait leur devoir comme on appelait. On condamnait à l'amende pour avoir chanté les psaumes et celui qui n'avait pas de billet payait l'amende ou était obligé à le faire, quelques-uns achetaient des billets d'un autre ou en volaient pour ne pas le faire, d'autres crachaient l'hostie à la bouche[43].

Mais Vébron donne aussi un exemple de la permanence de la résistance, treize ans après la Révocation, et donc de l'échec même de la politique royale. Bâville le reconnaît bien dans un mémoire au duc de Beauvilliers :

L'on voit encore des contrées de plus de vingt à trente paroisses où le curé est le plus inutile et le plus malheureux de tous les habitants et où quelque soin qu'on se soit donné, on n'a pu parvenir à faire un catholique dans le pays ou en établir quelqu'un du dehors[44].

On peut donc avoir réussi dès 1700 à éliminer la quasi-totalité des prédicants sans avoir réellement pacifié le pays ni conquis le cœur des habitants. La preuve en est que dans le vide laissé dans les Cévennes et le Bas-Languedoc par ces modestes remplaçants des pasteurs, s'installent des « inspirés » ; pour les autorités, c'est un danger autrement plus grave que des prédicants devenus pacifiques.

2

Les prophètes protestants

Le prophétisme n'est pas né là où il aura les conséquences les plus décisives et il est bien antérieur à 1700. Certes, peu après la Révocation, un grand nombre de Cévenols entendent des choses étranges comme l'écrit un petit noble de Peyrolles (près de Saint-Jean-du-Gard) :

On entend chanter de nuit les psaumes en l'air comme si c'était dans un temple. Mercredi dernier (12 déc.), j'étais couché dans ma chambre et environ la minuit, j'entendis sous le couvert * une voix fort éclatante qui m'éveilla et ensuite cinq à six voix qui lui assistèrent et chantèrent cinq ou six versets du Psaume V. Tous ceux de la maison l'ont ouïe plusieurs fois et cela a été ouï par tout notre pays [1].

Bientôt, s'y ajoutent des bruits de tambours et même, dans le Rouergue, celui d'une trompette mystérieuse. Tous les réformés partagent l'interprétation de Mlle de Vébron :

Nous ne pouvons pas douter que ce ne soient des troupes d'anges que Dieu nous envoie pour notre

* C'est-à-dire le toit.

consolation, pour nous assurer que Dieu ne nous a pas tout à fait abandonnés et que notre délivrance approche[2].

L'espérance d'une intervention rapide et miraculeuse de Dieu est une constante de la mentalité des chrétiens persécutés, surtout lorsque, comme les réformés, ils sont nourris de l'Ancien Testament qui leur offre tant d'exemples de cette intervention pour sauver le peuple élu. Mais ce sentiment est renforcé par les interprétations de l'Apocalypse que présente en mars 1686 un pasteur du Refuge, Jurieu, dans son ouvrage l'Accomplissement des prophéties. *Celui-ci a repris les calculs de son grand-père, Pierre du Moulin, fondés sur le chapitre* XI *du livre du voyant de Pathmos : La Bête (l'Église romaine) tue deux témoins (le petit nombre des vrais croyants) qui ressuscitent trois jours et demi après leur mort ; et Jurieu conclut :*

Je me suis persuadé que les trois jours et demi sont trois ans et demi. Si nous voulons compter ces trois ans et demi depuis la suppression de l'édit de Nantes faite au mois d'octobre 1685, la délivrance de l'Église arriverait en l'an 1689[3].

Ces conclusions, sinon l'ouvrage lui-même, furent rapidement connues dans tout le Midi de la France : en mai 1686, un charpentier déclare dans une auberge, à propos de la persécution : Aïsso duraro incaro tres on [ceci durera encore trois ans]. *Un peu plus tard, une fantaisie en vers montrant l'échec de la conversion des protestants,* l'Entretien d'un curé, d'un capucin et d'un nouveau converti, *porte aussi la trace de cette espérance :*

Cette persécution doit durer quelque année
Jusqu'en huitante neuf où sa fin est bornée

Suivant la prophétie du Nouveau Testament
Du septième chapitre de Daniel le voyant [4].

Plus largement, nombre de prières et de prédications sont imprégnées de versets de l'Apocalypse, le texte déjà cité du sermon de Brousson en est un exemple.

LES PRODIGES D'ISABEAU VINCENT

Cependant, en Cévennes, les phénomènes extraordinaires qui accompagnaient la conviction d'une délivrance proche, cessent après le début des assemblées comme si la parole des prédicants suffisait à consoler les nouveaux convertis ; et c'est dans le Dauphiné, deux ans plus tard, qu'apparaît à nouveau un prodige. Laissons parler un des témoins admiratifs, l'avocat Gerlan :

Vous m'avez demandé des nouvelles de cette fille dont on vous a parlé et je n'aurais pas tant tardé de vous faire part de cette merveille si je n'avais voulu attendre les suites. Elle s'appelle Isabeau Vincent, fille de Jean Vincent du mandement de Saou, âgée d'environ quinze ans, ne sachant ni lire, ni écrire, on l'entendit le troisième mois de février parler dans son lit, les choses magnifiques de Dieu ; son parrain chez qui elle est bergère, y demeurait, et les autres qui étaient dans la même maison crurent que c'était une rêverie, mais l'ayant ouïe continuer pendant quelques nuits, ils furent à son lit pour l'éveiller, mais ils ne le purent, et [elle] parla comme auparavant. Elle parle les yeux fermés, sort les bras l'un après les autres, après quoi elle chante « lève le cœur * » ou quelque

* Début du chant très connu des « Commandements » qui est le Décalogue rimé.

autre psaume jusques à la fin ; ensuite, elle expose des passages de l'Écriture sainte avec une voix forte, faisant ensuite son application sur les biens et les maux présents de l'Église, sur la repentance du pécheur qui est toujours le principal but de toutes ses exhortations. Elle parle fort bon français dans toutes ses exhortations, excepté que bien souvent lorsqu'elle se jette sur les abus de l'Église romaine, elle parle son langage naturel, mais s'étant éveillée [elle] ne se souvient pas d'avoir parlé et ne sait [pas] parler français. Et après son exhortation, elle chante encore un psaume sans manquer rien, ni pour les paroles ni pour le chant ; après cela, elle fait une fort belle prière mentale ou sur ce qu'elle a traité ou sur l'affliction présente de l'Église, qu'elle prédit devoir être assez courte mais fort violente. D'autres fois aussi, elle traite des matières de controverses dont elle expose un point avec une évidence admirable qu'elle choisit selon l'occurrence des temps : comme par exemple, la veille de Pâques, elle choisit la matière de l'Eucharistie pour son sujet et en parle très pertinemment [...]

Comme elle n'a point discontinué de parler depuis le temps que je vous ai marqué ci-dessus, cela a attiré dans les lieux où elle a été des gens de beaucoup d'endroits, tant dedans que dehors la Province, tellement que la chose n'a pu être cachée. Le Sr Boudra, Lieutenant particulier de Monsieur le Vicurial de Crest, la fit prendre par des archers à Saou, étant après son troupeau mardi dernier huitième du courant, et ensuite après avoir interrogée sur quatre chefs qu'il lui fit tout de suite, elle lui répondit fort pertinemment chef par chef et en bon français, ce qu'elle n'avait pas encore fait réveillée ; il la fit conduire le lendemain neuvième aux prisons de la même ville de Crest et l'a interrogée plusieurs fois ; elle a répondu d'un très bon sens et fort rassis ; je saurais mieux les particularités de ses réponses et vous en informerais.

L'on vient de me dire qu'elle prêche dans la prison, et qu'elle a parlé toutes les nuits passées ; quoique fermée, au plus haut des prisons, dans un membre près du couvert, on n'a pas laissée de l'entendre de la rue. Ses ennemis la traitent de folle, ce qui n'est point, car c'est purement l'esprit de Dieu qui parle par elle ; ce n'est pas l'esprit de mensonge comme on vous l'a dit, car il travaillerait à se détruire soi-même, ce qui serait contre la parole du Seigneur, lorsqu'il dit que tout royaume divisé contre soi-même, etc. Le but de toutes ces exhortations ne tendent comme dit est qu'à la conversion du pécheur, et à détruire l'ouvrage du Démon ; nous verrons quelle suite cela aura et je vous ferai part de qui se passera à ce sujet [5].

UNE ÉPIDÉMIE DE PROPHÉTISME

En réalité, on perd la trace de la bergère après cette arrestation ; mais peu importe ; le Midi entier vit bien quelle suite « cela » avait. A son contact, en effet, d'autres prophètes se révèlent, qui parcourent la campagne dauphinoise en réconfortant les « nouveaux convertis ». Comme Isabeau, ils sont jeunes, de milieu modeste et souvent illettrés. En janvier 1689, un laboureur de Cliousclat (au sud de Loriol), Gabriel Astier, introduit le prophétisme de l'autre côté du Rhône. En quelques jours, les régions protestantes du Vivarais sont atteintes, et les assemblées interdites se multiplient. Le phénomène a assez frappé l'imagination populaire pour que les recueils de complaintes en portent la trace :

Voici le temps mes chers amis
Que les pierres nous crient

Que Dieu envoie par le pays
Afin que [ils] s'humilient
Et qui nous viennent annoncer
Sa sainte parole
Et par coteaux et par rochers
Là où Dieu les expose

[Dieu] Nous a tout laissé par écrit
Dans son saint Évangile
Pour révéler aux plus petits
Ses secrets difficiles
Et qui [il ?] le cachera aux grands
Aux plus savants du monde
Nous le voyons devant nos yeux
N'en faut pas avoir de doute.

La prophétie de Joël
Il s'accomplit, mes frères
Je vous dis que au dernier temps
Verrons ces grandes merveilles
Vos fils et filles prophétiseront
Vos vieillards feront des songes
Vos jeunes gens auront des visions
Ce n'est point de mensonges * [6].

*Persuadés d'être protégés par le Saint-Esprit, les inspirés prennent de plus en plus d'audace ; ainsi ils refusent un jour de se disperser alors qu'ils sont encerclés : Dieu les sauvera. Résultat : trois à quatre cents morts et l'occasion pour l'évêque de Nîmes, Fléchier**, de se moquer de la folie de ces paysans :*

* Joël III-I. Référence souvent reprise dans les textes prophétiques, qui justifie l'existence d'une inspiration postérieure aux temps apostoliques.

** Esprit Fléchier (1632-1710). Surtout connu comme orateur sacré (il rivalisa avec Bossuet), il fut évêque de Nîmes de 1687 à sa mort.

Ce colonel [M. de Folleville] fit filer les troupes de ce côté et pour les effrayer et leur donner lieu de se retirer ou de venir demander grâce, il allait lentement à eux et par les chemins les plus découverts. Ils tinrent une espèce de conseil tumultueux ; plusieurs furent d'avis de se sauver. Mais les prophètes et les prophétesses les regardèrent comme des réprouvés et leur dirent qu'ayant tous le Saint-Esprit et se trouvant sous la protection des saints Anges, ils n'avaient rien à craindre ; que les gens de guerre ne pouvaient nuire à ceux qui avaient la foi et qu'en tout cas, le paradis était ouvert. Les uns disaient que les anges tombaient sur eux comme troupes de moucherons et les environnaient. Les autres que les Anges voltigeaient autour d'eux, blancs comme neige et petits comme le doigt [...]. Il se fit plusieurs détachements pour entourer la petite montagne de la Palle * au sommet de laquelle ces Fanatiques étaient postés. M. de Folleville leur envoya le prévôt Raymond pour tâcher de les ramener à leur devoir ; mais il fut mal reçu, on lui cria d'abord Tartara, arrière de moi Satan, tu ne me tenteras point. Il s'élança un homme de l'assemblée, qui essuya son coup de pistolet et le poursuivit à coups de pierres. On leur envoya encore un officier pour leur offrir grâce, un homme accompagné de sept ou huit femmes le chassèrent comme le premier. Un des leurs s'étant venu présenter à la mort, on lui persuada aisément de vouloir vivre, et on l'obligea d'aller exhorter ses frères à recevoir le pardon de leur opiniâtreté, mais il ne put rien gagner. On résolut donc de donner sur cette multitude de fous. Ils s'ébranlèrent, se divisèrent en plusieurs pelotons, s'embrassèrent les uns les autres, et s'entresoufflèrent à la bouche pour se communiquer le

* Dans la paroisse de Saint-Genest-Lachamp, au sud du Cheylard.

Saint-Esprit, puis ils vinrent hardiment au devant des troupes dans la pensée qu'ils étaient invulnérables ou que du moins ils ressusciteraient peu de jours après. Mais ils furent investis et c'est l'opinion commune qu'il y en eut quatre cents de tués ou de blessés[7].

Ce massacre et quelques autres font cesser les grands rassemblements sans arrêter le mouvement qui subsiste caché dans les familles et les hameaux isolés, puisque Brousson fut très heureux de rencontrer, en 1697, plusieurs inspirés qu'il considérait avec beaucoup de sympathie.

C'est à partir de ces foyers que le prophétisme se diffuse en quelques semaines, à l'automne 1700, dans l'ensemble des Cévennes et du Bas-Languedoc. Conseiller au Présidial de Nîmes, La Baume, contemporain des faits, décrit la progression de l'épidémie :

Une vieille fille du Vivarais, tailleuse d'habits, qui roulait dans les diocèses de Viviers et d'Uzès, fut une des premières qui commença de fanatiser dans les assemblées. Elle communiqua ce prétendu don de prophétie à quelques jeunes gens de l'un et de l'autre sexe. Daniel Raoul, de la paroisse de Vagnas* en Vivarais, fut un de ceux qui se distingua le plus en fanatisme. Il disait que Dieu lui avait donné l'esprit du prophète Daniel ; il fit un grand nombre de prophètes et de prophétesses. Ses disciples et ses émissaires, au mois de juillet de l'an 1701 eurent l'audace d'aller en plein jour à l'église de Vallérargues**, d'en rompre le tabernacle, d'en emporter les vases sacrés et de commettre plusieurs autres désordres. On prit Alexandre Jaussaud et quelques autres des plus coupables, que

* Dans le canton actuel de Vallon, à la limite du Gard.
** Commune du canton de Lussan non loin d'Uzès.

M. de Bâville jugea à Uzès, le 21 du même mois, avec des commissaires du présidial de Nîmes. Jaussaud, convaincu d'avoir brisé le tabernacle fut brûlé vif. Ces exemples n'ayant pas arrêté Raoul, il continua ses assemblées séditieuses où il engendrait une infinité de prophètes. Il en fit une de ce caractère à Brignon *, dans le mois d'août 1701. Il y fut pris avec Jean Flottier, de Paillargues, un de ses disciples favoris. Le prophète fut condamné à la roue et son élève à la potence. Dans le même temps, une femme du Vivarais qui jetait quelquefois du sang par les yeux et par le nez, voulant mettre à profit cette incommodité naturelle, s'érigea en prédicante et en prophétesse. Elle disait au peuple que Dieu faisait ce miracle en sa faveur afin qu'ils ajoutassent foi à ce qu'elle annonçait de sa part, que le temps de la délivrance était arrivé, qu'ils ne balançassent donc plus à secouer le joug du papisme et à pratiquer publiquement et sans crainte tous les exercices de leur sainte religion. Ces prédications séditieuses firent beaucoup d'impression ; elle fut arrêtée et conduite à Montpellier où elle expia son imposture sur la potence dont la vue ne la fit point changer de langage. Cette même année 1701, Marguerite Armand, qui était servante à Saint-Jean-de-Gardonnenque, et Étienne Gout, nommé autrement La Quoite, jeune homme de vingt ans, de la paroisse de Saint-Martin-de-Campsalade **, s'érigèrent aussi en prophètes et en prédicants. Ce dernier fit des maux infinis ; il convoqua plus de soixante assemblées où il communiqua le prétendu don de prophétie à trois ou quatre cents personnes, en sorte que tout le pays fut rempli de prophètes et de prophétesses [8].

* Commune du canton de Vézénobres, au S.-E. d'Alès.
** Dans la haute vallée du Gardon de Saint-Jean.

Le récit de l'inspiré Marion est d'une autre tonalité, mais il témoigne pareillement de la brutalité de l'explosion prophétique :

En l'année 1701, Dieu répandit une grande mesure de son Esprit, dans notre province, sur plusieurs personnes de tout âge, de tout sexe. Dans moins de six mois, notre pays fut comme enfanté de nouveau par la vertu de ce divin Esprit, soit les personnes qui en furent honorées que ceux qui les fréquentèrent. Nous vîmes des plaideurs obstinés renoncer à leurs procès, d'autres qui avaient des inimitiés mortelles se réconcilier avec larmes, d'autres qui semblaient que leurs bouches étaient des fontaines de blasphèmes se changèrent en prières, en louanges et cantiques d'actions de grâces; on vit un amendement presque général de toutes les sortes de vices et péchés. On vit la plus tendre jeunesse et la caducité des vieillards, résister aux plus terribles persécutions, à la mort même la plus cruelle. Nos saintes assemblées se continuaient jour et nuit dans les différents endroits du pays, malgré les cruautés barbares de l'Intendant Bâville, de l'abbé du Chaila et leurs semblables que le Roy avait autorisé pour nous persécuter. Grand nombre ont soutenu et soutiennent encore, mais il y en a eu qui ont dégénéré de cette première ardeur[9].

NAISSANCE D'UN PROPHÈTE

La manière dont « l'inspiration » s'empare de simples paysans ou artisans, pour en faire des prophètes, a été fort bien expliquée par les intéressés eux-mêmes dans leur déposition du Théâtre sacré, *par exemple Durand Fage :*

On souhaita que je fisse quelque « lecture de piété » après midi ; et comme je prononçais ces paroles : augmente-nous la foi, je sentis tout d'un coup un fardeau sur ma poitrine, qui m'arrêta pour un moment la respiration. En même temps des ruisseaux de larmes coulèrent de mes yeux ; et il me fut impossible de parler davantage. On ne s'en étonna pas, car on jugea bien ce que c'était. Je demeurai pendant une heure et demie en cet état ; et la jeune fille ayant reçu une nouvelle inspiration, elle dit que je pleurais pour mes péchés ; ce qui était vrai.

Sur les six heures du soir, comme j'étais dans une autre maison, je fus soudainement saisi d'un frissonnement, qui s'étendit par toutes les parties de mon corps, qui furent aussi dans quelque agitation. La pesanteur sur mon estomac fut moins grande qu'elle ne l'avait été la première fois. Dans cet état, je sentis un souffle agréable qui naissait du dedans de moi, ce qui me surprit, quoique je ne fusse guère capable de réflexion. En même temps, ma langue et mes lèvres furent subitement forcées de prononcer avec véhémence des paroles que je fus étonné d'entendre, n'ayant pensé à rien et ne m'étant pas proposé de parler. Les choses que je dis furent principalement des exhortations à la repentance ; et cela dura trois ou quatre minutes. Je tombai incontinent après dans une espèce d'évanouissement ; mais cela se passa aussitôt et fut suivi d'un nouveau frissonnement, qui ne fit que passer non plus ; après quoi je me trouvai parfaitement libre et dans l'état ordinaire. Mais pendant les quinze jours qui suivirent, j'eus de fréquents soupirs et des tressaillements que je ne pouvais ni prévenir ni empêcher. Mon esprit s'élevait perpétuellement à Dieu. Les divertissements ordinaires de ma jeunesse me parurent non seulement méprisables, mais ils me devinrent insupportables. L'idée de mes péchés occupait incessamment mon esprit, et c'est ce qui me causait tant de sanglots et de tressaillements. De sorte que ma bouche prononçait incessamment : Grâce ! Grâce ! Miséricorde ! Mon cœur consentait avec un grand zèle, quand la parole était prononcée [10].

Il est évident que le prophétisme est contagieux ; c'est en voyant d'autres personnes trembler ou tomber à la renverse que l'on devient soi-même « inspiré ». Parfois, l'assemblée tout entière entre en transe comme le signale ce colonel de la milice :

Le prédicateur prêchait avec tant d'emportement que ses auditeurs étaient si attentifs et si touchés de ce qu'ils entendaient, que les uns hurlaient, les autres pleuraient, les autres gémissaient, ce qui faisait un espèce de sabbat, ne s'entendant plus les uns les autres à la réserve du prédicant [11].

Dans un quartier d'Uzès, après le passage de Daniel Raoul, les habitants s'embrassaient les uns les autres tant dans les rues que dans leurs maisons, en sanglotant et soupirant comme des personnes accablées de déplaisir ; d'autres qui feignant d'être essoufflées et agitées disant quelques paroles entre les dents vantaient de parler au nom et par la force du Saint-Esprit [...] [12].

DES MALADES ET DES FOURBES ?

A la lecture de telles descriptions qui reproduisent tous les signes cliniques de l'hystérie individuelle et collective, la tentation est grande de réduire ces manifestations à de simples aberrations mentales. Ce fut l'une des explications essentielles des notables du temps, catholiques ou protestants, qui, déjà rationalisant, n'y virent jamais la marque de Dieu ou du Diable. L'un d'entre eux, ancien protestant converti par Bossuet, et qui se partagea entre ouvrages de controverses et comédies, le Montpellierain Brueys, élabore toute une théorie médicale à ce propos. Il propose d'abord une définition du mal :

Le fanatisme est proprement une maladie de l'esprit ou une espèce de mélancolie et de manie, qui porte ceux qui en sont atteints à se persuader qu'ils ont le pouvoir de faire des miracles et de prophétiser.

Puis, l'auteur en décrit le mécanisme en s'appuyant sur la science du temps :

Les gens mélancoliques et atrabilaires peuvent aisément tomber dans cette maladie ; si dans le temps que leur tempérament est dérangé par des jeûnes, des veilles, ou des fatigues, ils s'appliquent à rêver fortement sur les miracles et sur les prophéties, qui font des objets qui frappent vivement l'esprit : parce que pour lors, leur sang échauffé et desséché produit et porte dans leur faible cerveau des esprits animaux de même nature que leur sang, lesquels venant à tomber sur les fibres du cerveau, que la forte application a déjà ébranlées, sur le sujet des miracles et des prophéties, forcent ces insensés à y rêver incessamment : en sorte qu'à force d'y rêver, l'amour-propre et l'orgueil qui tournent de leur côté tous les dérèglements de l'esprit humain, les portent enfin à se persuader qu'ils ont eux-mêmes le pouvoir de faire des miracles et de prophétiser [...].

Au reste, cette maladie a ses paroxysmes et ses accès, comme la fièvre ; ce qui vient de ce que le sang ne peut pas fournir toujours une quantité suffisante de ces esprits animaux, dont nous avons parlé, pour entretenir les fibres du cerveau continuellement ébranlées de la même force ; ainsi les fanatiques sortent de leur accès, lorsque ces esprits sont dissipés et ils y retombent lorsque le sang en a reproduit de nouveaux.

Quoique le fanatisme soit proprement une maladie de l'esprit, il est néanmoins impossible que le corps ne s'en ressente, à cause du dérangement du tempérament, et des fréquentes et violentes secousses que les esprits animaux excitent dans le cerveau : de là vient, que lorsque les fanatiques sont dans le fort de leur accès, ils se jettent par terre où ils demeurent quelquefois assoupis ; d'autres fois, ils s'agitent extraordinairement ; ils ont même souvent des convulsions : et c'est en ces différents états qu'on les entend parler d'une voix essoufflée et dégoiser toutes les extravagances dont leur folle imagination est remplie.

Ces symptômes différents, qui surprennent et effraient ceux qui ne connaissent pas la machine du corps humain, ont été souvent pris tant par les Anciens, que par les Modernes, pour des choses surnaturelles, et ont fait prendre ces pauvres malades, tantôt pour des possédés, tantôt pour des gens inspirés du Saint-Esprit, selon les préventions et les sentiments de ceux qui ont été les témoins.

Ce n'est pas que le démon, qui a toujours été le Démon, qui a toujours été comme l'on dit le Singe des Ouvrages de Dieu, n'ait pu quelquefois avoir inspiré les fanatiques et mêlé ses séductions à leur folie. Mais il est certain, ainsi que plusieurs expériences nous l'ont appris, que ce n'est ordinairement qu'une véritable maladie que l'on guérit comme les autres, par des remèdes convenables et dont les symptômes, quelque surprenants qu'ils paraissent, n'ont pourtant rien que de naturel et dont la cause ne soit parfaitement connue[13].

Cependant pour Brueys et les autres notables catholiques, la folie n'est pas l'ultime explication du prophétisme car il est aisé de voir qu'outre ceux qui tombent d'eux-mêmes dans cette maladie, on peut aussi de dessein prémédité y en faire d'autres en choisissant les esprits faibles [14]... *Derrière cette explosion, se cache en réalité une véritable machination des pasteurs du Refuge. Fléchier a été le premier à suggérer cette légende en 1689* [15]*, mais c'est Brueys qui la popularisa, en lui consacrant un long développement et en y ajoutant des précisions supplémentaires, sur le contexte international en particulier :*

Les plus séditieux des ministres fugitifs eurent le dessein de troubler la paix de l'Europe et de soulever contre leur partie non seulement tous les états protestants, mais encore les princes catholiques qu'ils pourraient jeter dans leur ligue [...] dans l'espoir de voir refleurir leur secte. *Ils trouvèrent un chef en la personne de Guillaume Nassau, prince d'Orange,* qui depuis la paix faite malgré lui en 1682, rongeait son frein en Hollande. *Un premier succès est obtenu avec la révolution anglaise de 1688-1689 qu'il faut confirmer en affaiblissant la France :*

Ils jugèrent donc que pour attaquer avec succès un état si redoutable, il fallait exciter une guerre civile au-dedans, afin que ceux qui l'attaqueraient au-dehors trouvassent moins de résistance.

Mais leur action, malgré les efforts de Jurieu qui s'érige en prophète, est insuffisante. Il faut susciter des aides à Monsieur Jurieu :

Ce fut alors que pour la première fois on vit dresser une École, dans laquelle on enseignait l'art de prophétiser, où l'on allait apprendre à prédire l'avenir et où après avoir passé par les épreuves qu'il y fallait faire, on croyait recevoir le Saint-Esprit de la bouche impure d'un maître sacrilège, qui se vantait de le souffler avec un baiser, dans celle de ces malheureux écoliers.

Brueys explique ensuite pourquoi l'école fut placée dans une montagne près de Crest :

Il est aisé de juger que les conducteurs de ce projet inouï choisirent ce lieu, éloigné de tout commerce, couvert d'épaisses forêts, environné de rochers et de précipices : Premièrement, afin de cacher aux yeux de tout le monde une action si exécrable et, secondairement, parce que de ce lieu il leur était facile de répandre leurs enthousiastes dans le Dauphiné et dans le Vivarais, provinces qu'ils avaient dessein de soulever les premières, non seulement à cause du grand nombre de mécontents qui étaient, de l'esprit grossier de ces peuples, susceptibles des plus folles visions et naturellement portés à la révolte ; mais encore parce que le duc de Savoye leur voisin aveuglé par le désir de s'agrandir, prêtait déjà l'oreille aux séductions de la ligue.

Quant au choix du « directeur » de l'école, il fut effectué à Genève par une espèce d'académie où l'on examinait à quoi étaient propres les fugitifs de France. *On retint un gentilhomme verrier, nommé Du Serre,* connu dans le parti pour le plus déterminé protestant qui fut dans ce quartier-là. *Celui-ci* allait presque tous les jours à Genève où il faisait son commerce de verrerie[16], *ce qui lui permettait de conférer avec cette académie.*

« L'ÉCOLE DE LA SUBVERSION »

L'auteur de comédies décrit minutieusement le fonctionnement de la Fabrique des Prophètes *où sont « conditionnés » les agents de la révolte :*

On inspira à cet homme impie de choisir quinze jeunes garçons qu'il se fit donner par de pauvres gens de son voisinage qui furent bien aise de mettre leurs enfants auprès d'une personne si zélée pour la religion, et il fit donner à sa femme, qu'il associa à son emploi, pareil nombre de jeunes filles.

Quand il eut en son pouvoir ces innocentes créatures à qui leurs parents, comme c'est la coutume des calvinistes, n'avaient donné pour première leçon de christianisme qu'une forte aversion contre l'Église romaine, il leur fit entendre que Dieu lui avait donné son Saint-Esprit, qu'il avait la puissance de le communiquer à qui bon lui semblait, et qu'il les avait choisis pour les rendre prophètes et prophétesses, pourvu qu'ils voulussent se préparer à recevoir un si grand don de la manière que Dieu lui avait prescrite. Ces pauvres enfants, à qui la faiblesse de l'âge, la rusticité du naturel et le défaut d'éducation ne permettaient pas de pénétrer l'artifice du séducteur, crurent sans peine tout ce qu'il voulut leur persuader, tout joyeux d'être quelque jour ce qu'il leur promettait, se soumirent aveuglément à tout ce qu'il voulait faire d'eux.

Alors ce docteur de mensonges, qui tournait à ses malheureux usages ce que la religion enseigne pour exciter les hommes à la piété, commença à leur dire que la plus sainte préparation pour plaire à Dieu et recevoir le don de prophétie, était de se priver de nourriture, et leur imposa des jeûnes de trois jours entiers qu'il leur faisait même réitérer de temps en temps avec beaucoup d'exactitude.

Il savait, le fourbe, que rien n'était plus propre à leur troubler l'esprit, parce que le cerveau, se trouvant desséché par le défaut des vapeurs dont il a besoin et que les aliments lui envoient, les jeûnes excessifs et réitérés le mettent insensiblement hors d'état d'exercer librement ses fonctions. A mesure qu'il s'appliquait avec soin à chasser la raison de ces jeunes têtes, il les remplissait des chimères et des visions fanatiques qui devaient servir au grand projet de révolte qu'on avait formé [...].

Ce fut sur le langage de ce livre divin [l'Apocalypse] que Du Serre forma celui de ses élèves en l'art de prophétiser, il leur faisait apprendre par cœur les endroits où il est parlé de l'antéchrist, de la destruction de son empire et de la délivrance de l'Église. Il leur disait que le pape était cet antéchrist ; que l'empire qui devait être détruit était le papisme, et que la délivrance de l'Église était le rétablissement de la prétendue réforme en France, c'est-à-dire que le cours en fanatisme qu'il fallait faire dans cette école pour en remporter l'esprit de prophétie, comme on remporte dans les universités les lettres du doctorat, était tiré de l'Apocalypse et que la glose de ses cours était prise des écrits prophétiques du professeur de Rotterdam [Jurieu] [...]

Ce ne fut pas tout : Du Serre ne se contenta pas de mettre au pli qu'il souhaitait l'esprit de cette malheureuse jeunesse, et de remplir leur mémoire de tout ce qu'il lui sembla propre à ses desseins : il voulut encore façonner leurs corps et leur apprendre à faire des postures qui imposassent aux yeux des simples afin que, comme le démon, il fut en toutes choses le singe ou pour mieux dire le pervertisseur des lois de Dieu qui nous ordonne de le glorifier en nos corps et en nos esprits.

Il leur apprit donc à battre des mains sur la tête, à se jeter par terre à la renverse, à fermer les yeux, à enfler l'estomac et le gosier, à demeurer assoupis en cet état pendant quelques moments et à dégoiser ensuite en se réveillant en sursaut tout ce qu'il leur viendrait à la bouche[17].

La formation est enfin couronnée par une véritable cérémonie d'intronisation :

Lorsque quelqu'un des aspirants au don de Prophétie de l'un et de l'autre sexe, avait l'esprit assez renversé par les jeûnes et savait bien jouer son rôle, le Forge prophète assemblait le petit troupeau, plaçait au milieu le Prétendant, lui disait que le temps de son inspiration était venu, après quoi, d'un air grave et mystérieux, il le baisait, lui soufflait dans la bouche et lui déclarait qu'il avait reçu l'esprit de prophétie[18].

C'est ainsi que, selon Brueys, furent formés Isabeau Vincent et Gabriel Astier.

Cette légende a connu une grande fortune jusqu'à nos jours, non seulement chez les romanciers (comme Eugène Sue et Alexandre de Lamothe), mais chez les historiens[19]*. Inutile de dire qu'elle n'a pas le moindre fondement : il n'existe pas dans le Dauphiné de famille Du Serre ; aucune procédure judiciaire ne fait allusion à ces faits, sans compter l'invraisemblance de voyages quotidiens à Genève ou l'existence d'une académie qui aurait été ignorée de l'autorité ecclésiastique de la ville*[20]*. Mais on en comprend très bien la fonction : elle renforçait la conviction des catholiques selon laquelle les protestants étaient un parti de l'étranger, toujours prêt à s'entendre avec les ennemis du Roi ; elle permettait aussi d'expliquer « rationnellement » un phénomène extraordinaire.*

Dernier moyen de déconsidérer les « inspirés », le libertinage. Fléchier y est particulièrement attentif et le note complaisamment, qu'il s'agisse de l'attitude indécente d'Isabeau Vincent pendant les inspirations :

La prophétesse Isabeau [...] était couchée à la renverse dans une cuisine, les jambes nues et l'estomac tout à fait découvert. Tous les assistants à genoux autour d'elle, étaient attentifs à ces pieuses nudités et contemplaient ce corps où résidait le Saint-esprit [21].

ou plus gravement de la liberté des mœurs de la troupe des prophètes du Vivarais :

Mais voici qui marque encore bien l'Esprit de Dieu. Comme tous ces mystères furent finis, les Prophètes et les Prophétesses allèrent loger au lieu de Craux chez un nouveau Converti, qui fit gloire de recevoir chez lui ces serviteurs et ces servantes de Dieu ; mais comme il n'avait pas de chambre ni lits à donner, ils se contentèrent du grenier à foin, où se jetant Prophètes et Prophétesses pêle-mêle, et oubliant la pénitence qu'ils prêchaient tant, ils égayèrent un peu la nuit l'austérité de la journée ; et le bon homme venant le matin pour s'édifier et donner le bon jour à ses hôtes, les trouva qui se roulaient et folâtraient les uns avec les autres et jugea qu'il eût été bon de les séparer, et que le don de prophétie n'était pas joint en ces gens-là, à celui de la chasteté [22].

DES PROTESTANTS HOSTILES

Cependant l'hostilité au prophétisme n'était pas l'apanage exclusif des catholiques : au Refuge, des personnalités aussi importantes que Pierre Bayle, le pasteur Merlat ou Basnage condamnaient ces manifestations. C'était en France le point de vue de beaucoup de notables. L'un d'entre eux, Lachau, l'explique dans une lettre adressée à Brousson. Parmi les raisons invoquées, on retrouve le thème de la « vie débauchée » :

Je me donne l'honneur de vous proposer en général, sans faire le détail, des raisons qui m'ont empêché de croire que ceux qui se disent prophètes aient aucune vocation divine ordinaire ou extraordinaire. Je crois premièrement que si le Saint-Esprit animait les actions de ces gens-là, elles seraient accompagnées de miracles et de prodiges comme nous le voyons en saint Pierre, saint Paul et en tous les autres apôtres et évangélistes. En second lieu, que leurs prédictions seraient véritables et accompagnées de leurs effets, puisque Dieu est la vérité même et qu'il ne peut pas mentir. En troisième lieu, que les personnes que Dieu honorerait de ces riches dons, le plus auguste et le plus relevé que les hommes puissent recevoir dans ce monde, seraient sanctifiées parce que la Vertu du Saint-Esprit les sanctifierait d'une manière aussi extraordinaire que leur vocation.

Quant aux miracles, ces gens-là ne peuvent se vanter d'aucun [...]

Pour ce qui est de leurs prédictions, elles se sont trouvées toutes fausses. Lors de l'assemblée de la Cham du Bessée où il y avait 4000 personnes, ces prophètes qui exerçaient leur ministère empêchèrent que les pauvres gens de cette assemblée ne reçussent la grâce que M. de Folleville leur fit offrir par plusieurs personnes de qualité, sous cette condition qu'ils se retireraient, chacun chez soi et qu'ils ne s'assembleraient plus, parce que ces prophètes les assuraient que le Saint-Esprit leur disait qu'il aveuglerait les gens de guerre, en disant certaines paroles que je n'ose pas vous écrire, et que les balles de fusils et pistolets tomberaient de la bouche du canon sans aucun effet. Cependant, les troupes ne furent pas aveuglées et tuèrent environ 2 000 personnes de cette assemblée, violèrent les filles et les femmes et l'on a vu les dragons en ce païs au retour de ce massacre, leurs bras et leurs habits couverts du sang de ces pauvres gens [...]

Et nous avons vu avec une douleur mortelle que ceux qui se disent prophètes ont mené une vie débauchée et scandaleuse et abominable ayant eu l'insolence de paillarder à la vue de leurs assemblées. Plusieurs garçons ont débauché des filles, en ont eu des enfants. Plusieurs hommes ont abandonné leurs femmes et s'en sont allés avec les femmes de leurs voisins et d'autres avec des filles. Et des filles qui se disaient parler par le Saint-Esprit ont bien eu le front de dire qu'il fallait qu'elles couchassent avec leur Germain, en ont eu des enfants. On pourrait compter dans ce nombre grande quantité de p... publiques, de voleurs, de meurtriers et de personnes abandonnées à toutes sortes de vices qui ont scandalisé les gens de bien et diffamé notre religion de la manière la plus cruelle et la plus indigne[23].

Lachau ne réussit pas à convaincre son correspondant. Brousson ajoutait au bas de la page :

A l'égard des miracles : 1. La manière en laquelle ces personnes prophétisent est miraculeuse. 2. Jean-Baptiste ni plusieurs autres prophètes n'ont pas fait de miracles.

et à la fin de la lettre, comme on lui avait demandé de la brûler après la lecture :

Mais je dis au porteur que la chose était trop importante pour en user de la sorte : que M. Lachau n'avait pas sujet de craindre que sa lettre fût vue par les ennemis de la vérité puisque cette lettre leur serait fort agréable[24].

Que dire de ce réquisitoire, qui annonce d'ailleurs ceux qui furent lancés contre les Camisards ? Les faits rapportés par Lachau sur l'insouciance des prophètes face au danger sont certainement exacts (le chiffre des morts excepté) ; à plusieurs reprises, en effet, les inspirés du Théâtre sacré *se croient invulnérables comme leurs prédécesseurs du Vivarais. En revanche, nous sommes plus sceptique sur l'accusation d'immoralité. D'abord prophètes et prophétesses se déplaçaient en groupes : pour une fois, espaces masculin et féminin, aux limites bien marquées dans la France ancienne, s'interpénétraient de façon durable : c'était déjà une occasion de scandale et une incitation à imaginer « le pire ». Ces imaginations ont pu partir de quelques faits isolés ; elles devaient aussi s'appuyer sur l'ambiguïté du statut civil des protestants après 1685. Officiellement, le curé tenant en même temps l'état civil, seuls les mariages dans la paroisse sont reconnus par l'autorité comme par la société, mais amis de prédicants et de prophètes refusaient de pactiser avec « Babylone* ». Tel couple qui vivait donc, pour un observateur extérieur, « en concubinage », se considérait comme parfaitement légitime parce qu'il s'était uni au Désert. Aucun témoignage interne connu n'est un appel au laxisme moral ; tous les « inspirés » insistent au contraire sur le regret des péchés entraînés par l'inspiration : pourquoi les taxer d'hypocrisie ? Persuadés d'être conduits par Dieu, ils n'auraient pas hésité, comme le firent certains anabaptistes, à proclamer une nouvelle morale sexuelle si telle avait été la tendance de ce prophétisme.* Le Théâtre sacré *contient bien des appels*

* *Supra*, p. 44.

au massacre et à la violence, qui ne pouvaient manquer de les desservir auprès de l'opinion publique ! En définitive, ces accusations ne traduisent-elles pas des préjugés sociaux ou même les fantasmes de leurs auteurs ?

LE PROPHÉTISME : UN DISCOURS COHÉRENT

Plus largement, l'historien doit aller au-delà des jugements externes émis par des personnalités que tout séparait des prophètes. Celles-ci, ne comprenant pas le phénomène et s'arrêtant à la description des manifestations physiques, lui déniaient toute logique ; le discours prophétique en particulier était facilement taxé d'incohérence comme dans ce rapport de colonel de milice dont un extrait a déjà été cité : Mais il y avait si peu de suite et de règle dans son discours que le déposant ne put jamais rien y comprendre[25].

L'explication médicale elle-même contient sa part de vérité mais n'épuise pas la réalité : il est bien d'autres cas, chez certains mystiques et grands artistes en particulier, où la névrose déclarée n'empêche pas la qualité du message. Peut-être même celle-ci permet de dépasser certains conditionnements sociaux ou psychologiques et de mieux traduire des sentiments que d'autres n'arrivent pas à exprimer. C'est bien l'impression que donne la lecture des « inspirations » d'Isabeau Vincent. Au-delà d'une forme, de prime abord déroutante mais qui vient de la multiplication de citations bibliques mises bout à bout, le propos de la jeune bergère est parfaitement cohérent. Il se situe dans l'exact prolongement de l'enseignement des pasteurs d'avant 1685 ; il évoque aussi les sermons des prédicants ou les prières déjà cités : sentiment aigu du péché de l'homme, qui a donc mérité sa peine, appel à la repentance, d'où naît la consolation et la certitude d'être sauvé.

Relation sincère de ce qui a été prononcé
par la bouche d'Isabeau Vincent en dormant
la nuit du 20 au 21 mai 1688

Après avoir chanté le psaume XLII « ainsi qu'on oit le cerf bruire » et jusqu'à la pause d'une voix claire sans manquer la note musicale, il se fit une petite surséance * et après elle parla de la nécessité de cacher la parole de Dieu, disant qu'il ne la fallait point prononcer à ceux qui ne la pouvaient comprendre, même qu'il fallait le[s] faire sortir. Incontinent elle parla fort des persécutions et des injustices faites aux fidèles et que c'était le péché qui les avait causées, et qu'il fallait éviter les occasions de pécher, disant : « Si vous connaissiez la laideur du péché, vous seriez bien plus sensible à les commettre et nonobstant les maux qu'on vous fait souffrir, il faut toujours dire : “ je louerai le Seigneur ” car Dieu châtie celui qu'il aime, mais Dieu domptera toutes les bêtes farouches qui vous persécutent », qu'il fallait se préparer à s'approcher de la table du Seigneur en disant : « Allons goûter de cet agneau pascal ; prenez, mangez ce corps qui a été crucifié pour vous et ne croyez pas que Jésus y soit en corps et en âme car il est au ciel. C'est par la foi qu'il faut pénétrer ce mystère. Il faudrait bien des corps pour en donner à tant de monde. » Et continuant sur les persécutions faites aux fidèles [elle] les exhorte à tenir ferme et à se repentir et quand Dieu viendra, il dira : « Venez », etc. Et continuant de parler de l'assurance que nous avons en ses promesses elle dit : « Les cieux et la terre passeront, mais la Parole de Dieu

* Pause.

demeurera ; le méchant sera fauché comme l'herbe qui est fauchée ; c'est pourquoi, Chrétiens tenons ferme et que votre foi soit toujours fondée en Jésus-Christ qui a versé son sang pour nos péchés ; car qui persévérera jusques à la fin recevra la vie éternelle. Il faut souffrir pour la Parole, car il dit : " Qui m'aimera portera ma croix. " C'est à Jésus-Christ qu'il faut donner tout son amour ; c'est lui qui a dit : " Qui aimera un autre plus que moi n'est pas digne de moi. "

« Les anges et les saints gémissent quand ils vous voient dans la persécution ; mais Chrétiens, ayez bon courage et amendez-vous de vos péchés ; cherchez sa parole et vous la trouverez par la repentance. Obéissez aux commandements de Dieu, non point à ceux des hommes, car qui suivra les commandements des hommes mourra de mort. Soyez persuadés, Chrétiens, que, s'il n'aimait point son peuple, il ne le châtierait point ; le peuple d'Israël a toujours été persécuté, mais qui persévérera jusques à la fin obtiendra la vie éternelle. »

Il y a ici un silence d'une demi-heure ; et se reprenant, [elle] dit : « Ne soyez pas surpris mes frères, si vous avez senti la colère de Dieu, car nous avons foulé sa parole et l'avons mise sous nos pieds ; mais faites pénitence, cherchez Dieu et il sera au milieu de vous. Les méchants périront ; ils auront le courage de vous faire du mal, mais ils n'auront point de force à l'heure de la mort. Aie pitié de nous, ô Dieu, nous sommes de pauvres brebis égarées, tu nous as recueillis selon ton bon plaisir, aie pitié de nous[26]. »

L'OBSESSION DE LA CONTROVERSE

Chemin faisant, il est facile de repérer dans ce texte certaines expressions qui évoquent des textes doctrinaux.

Ainsi la phrase : C'est par la foi qu'il faut pénétrer ce mystère, *doit être rapprochée de l'article 26 de la Confession de foi de La Rochelle :* parce qu'il [le mystère] est céleste, il ne peut être appréhendé que par la foi. *Le souci de controverse, comme chez les prédicants, est donc permanent, qu'il s'agisse de grandes oppositions théologiques ou de diatribes plus populaires contre l'immoralité ou l'avidité des clercs ; les deux niveaux se retrouvent dans l'inspiration suivante. On notera en même temps l'effort d'Isabeau pour présenter les divers éléments de la liturgie traditionnelle des Églises réformées françaises : oraison dominicale, symbole des apôtres, lecture des commandements (au début, elle avait commencé par le chant des psaumes, au-delà de l'extrait, elle termine par la bénédiction qui clôturait les cultes) :*

Elle chanta à l'instant le Pater noster qu'on dit à la grand-messe jusques à la fin fort agréablement, et après [elle] dit : « Qu'entendez-vous par là ? Cela ressemble à des chansons profanes, c'est ainsi que les méchants l'ont mis en une autre langue, mais quand notre Seigneur l'a appris à ses Apôtres, [il] leur dit de prier, dites ainsi, Notre Père, etc. jusques à la fin, priez donc votre Père. Gardez-vous bien d'adorer les Saints, et ne souillez point vos âmes, car nous sommes le temple de Dieu et ces cœurs sont ses temples. Nous te prions, ô Dieu, que tu aies pitié de ces pauvres brebis égarées ; nous espérons de ta bonté que tu recueilleras ton troupeau par ta grande miséricorde, et si nous sommes dans la captivité, tu nous en tireras. » Après quoi, elle dit encore Notre Père, je crois et quelque peu des commandements, et disant : « Ils n'observent point celui qui dit, tu ne convoiteras point et tu ne paillarderas point, parce qu'ils entretiennent plusieurs concubines. Et pour leur confession, qu'en cela le Diable et Juda se sont confessés les premiers ; et quant au sacrifice de la Messe, c'est un sacrifice abominable ; Dieu leur dira un jour : “ Vous vendez ma parole, je ne vous l'avais point donnée pour la vendre ; mais que dis-je, ce n'est point ma parole, tu as vendu des paroles exécrables, car on vend une messe pour cinq sols, deux pour dix sols, quatre pour vingt sols, huit pour quarante sols ” ; n'allez point à la Messe, car c'est un grand péché, et un péché mortel, car vous abusez des talents que Dieu vous a donnés, triquetteurs d'âmes * qui les ont vendues comme la chair à la boucherie ; ils seront maltraités, parce qu'ils n'ont point péché par ignorance [27]. »

Les paroles des autres prophètes sont plus fragmentaires ; mais tout ce que l'on en connaît présente la même tonalité que celles de la jeune Dauphinoise. Par exemple, la complainte touchant les prophéties *reprend des expressions d'Isabeau et se termine comme une prière calviniste plus classique :*

Hélas, mes frères et mes sœurs,
Venez à repentance,
Et demandez à Dieu pardon
de toutes vos offenses,
Recourons au sang du Seigneur
versé en abondance,
par-dessus l'arbre de la croix,
pour les âmes pénitentes.

Pauvres brebis égarées
venez, je vous en prie,
venez aux noces de son fils,
lui-même nous convie,
venez au banquet de l'agneau,

* Trafiquants.

Dieu même nous appelle,
mes chers amis le présent beau
qui [que] nous fait notre père.

Au onzième de saint Matthieu,
verset vingt-huitième,
en plusieurs autres endroits
de la Sainte Écriture,
Venez vous tous qui ê[tes] chargés
car je suis débonnaire
[ain]si vous dit votre père[28].

Durand Fage, Marion ou Daniel Raoul ne prêchent pas autre chose.

Certes, il ne faut pas négliger le climat apocalyptique nourri des calculs de Jurieu :

Il y aura une année en laquelle le sac vaudra plus que le blé ; la seconde année sera suivie de famine, la troisième de peste, qui commencera du côté de Rome. Le vendredi avant Pâques depuis que vous ne pouvez participer à Pâques, vous devez jeûner, c'est le jour auquel Jésus-Christ a mangé l'Agneau de Pâques, et si vous ne pouvez participer en public, faites-le en particulier, et ce que vous avez fait en secret, il vous le rendra à découvert.

Il y a une petite racine qui augmente peu à peu ; notre délivrance viendra aussi peu à peu comme cette petite racine [...]

Ce n'est point moi qui parle, [c']est l'Esprit qui est en moi, ces derniers temps, vos jeunes gens prophétiseront et vos anciens songeront des songes.

Si vous priez vous gagnerez la miséricorde, car un serviteur ne peut pas recevoir son salaire, s'il n'a pas fidèlement servi ; ne faites pas comme les folles vierges, tenez vos lampes prêtes ; prenez garde que la mesure étant comble, le fort ne vous tombe dessus, mais que vos prières ardentes le fassent tomber ; notre Seigneur nous a donné quarante-deux mois de persécutions, il n'y a pas plus longtemps à souffrir et notre délivrance sera à vendanges[29].

Mais même ici les liens avec les textes classés comme non prophétiques sont évidents : le début de la prédiction utilisant l'expérience des calamités agricoles vécues par les populations rurales d'Ancien Régime rappelle la prière cévenole citée au chapitre précédent. La première année fait directement allusion à l'effondrement des prix du blé après 1685*[30]*, la deuxième année suggère les crises de subsistance classiques qui entraînaient dans leur sillage les épidémies. Seule la présence de Rome « la grande Babylone » teinte le texte d'un millénarisme apocalyptique, millénarisme qui est d'ailleurs également présent dans les sermons de Brousson et des autres prédicants.*

UN LANGAGE DU CORPS

Si nous insistons tant sur la continuité, ce n'est pas pour tomber dans l'erreur des historiens protestants du XIX*e siècle, transformant les « inspirés » et, plus tard, les Camisards en pieux jeunes gens « un peu exaltés ». Mais nous voulons mieux faire comprendre comment les paysans protestants du Midi ont été préparés à accueillir le prophétisme. Ceux-ci, comme tous leurs compatriotes des milieux populaires (catholiques ou protestants), baignaient quotidiennement dans le surnaturel et décelaient l'influence de Dieu ou de Satan dans le moindre événement de la vie courante. En outre, le millénarisme qui marquait tant la réflexion de Luther et de ses contempo-*

* *Supra*, p. 32.

rains[31] *a certes disparu de la prédication des grands pasteurs intellectuels du* XVII*e siècle, mais il subsistait à l'état latent chez des fidèles plus modestes ; la persécution n'eut pas de peine à le faire renaître avant même qu'apparaissent les prophètes. Le traumatisme créé par les abjurations forcées, qui ne furent pas seulement abandon de croyances mais rejet de toute une culture, fit le reste : dans cette optique, convulsions et tremblements deviennent un véritable langage de la personne qui, ne pouvant plus s'exprimer sur le mode rationnel, du fait de l'acculturation brutale, utilise la seule parole qui lui reste, son corps. Et les assistants comprennent parfaitement ce langage, car il coïncide avec une expression traditionnelle de la culture paysanne. Sur ce point, citons Le Roy Ladurie qui, nuançant sa première théorie sur l'origine du prophétisme, exprime parfaitement la thèse présentée ici :*

« Mais cette névrose, objectivement bénéfique [...] *n'est peut-être après tout qu'une “ névrose pour nous ”, pour nous autres petits bourgeois policés du* XX*e siècle* [...] *Le jeune Freud expliquait ce comportement hystérique par le refoulement sexuel très poussé en effet chez les huguenots, les jansénistes et les puritains. Mais le comportement déviant des protestants de 1703 se fondait aussi, dans le cas de nos Cévenols, sur les caractères originaux de leur culture paysanne ; attentive au gestuel et au merveilleux, bienveillante à la folie sacrée, cette culture diffusait, sans se faire prier, le modèle convulsionnaire à base de langage du corps qu'imitaient à qui mieux mieux les jeunes prophètes*[32]*. » Alors, des gens qui, au temps des prédicants, restaient encore muets, femmes et jeunes adolescents, tous ceux qui, même là, occupaient une position secondaire, prennent la parole. Pour les uns, c'est le signe visible de l'intervention directe de Dieu ; pour les autres, une raison supplémentaire de se méfier de ces manifestations.*

Quoi qu'il en soit, la prédication prophétique fut efficace. Certes avec ses deux ou trois thèmes inlassablement répétés, elle semblait grossière aux bourgeois de Nîmes, de Genève ou d'Amsterdam, habitués aux grandes périodes oratoires et aux constructions rhétoriques bien ordonnées. Mais elle avait le mérite d'être concrète, de se limiter à l'essentiel et de le dire dans des termes simples et émouvants, immédiatement perceptibles par son auditoire. Nombre de nouveaux convertis étaient en proie à une sorte de « délectation morose » et se complaisaient dans le sentiment de leur faute ; certains, n'espérant plus, étaient prêts à l'accommodement. Les petits prophètes redonnèrent à tous joie et confiance. Ce sont eux aussi qui ont permis à des artisans et à des paysans de surmonter leur sentiment d'infériorité face à des troupes royales, en organisant l'insurrection populaire d'Ancien Régime qui dura le plus longtemps, mobilisa le plus de soldats réguliers, et fit le plus de bruit dans l'Europe entière. Il reste cependant à examiner comment une prédication, pacifique pour l'essentiel, devint appel à la guerre sainte.

DE LA RÉPRESSION À LA RÉVOLTE

Les premières inspirations cévenoles sont en effet, comme celles du Dauphiné et du Vivarais, d'abord des invitations à la conversion individuelle et au retour à la foi évangélique. Elles créent parfois de véritables fêtes de la réconciliation telles que celle qui est décrite par un historien du XXe siècle, à partir d'une procédure judiciaire :

Dans ce hameau, sur la place du Cledou, ils [les petits prophètes] commencèrent à prophétiser, levant les yeux au ciel, tremblant et répétant : « Repentez-vous, sortez de Babylone ! Il faut vous pardonner les uns les autres ! » Ils s'embrassaient mutuellement, ils embrassaient les gens du village... Bientôt les spectateurs gagnés par l'émotion, s'embrassèrent, eux aussi, en pleurant. Confessant leurs torts réciproques, ils se pardonnaient leur offense[33].

Quelques-uns se laissent même arrêter dans la joie. Ainsi Flore Viala : Bien faite, jouissant heureusement d'un heureux caractère et d'une heureuse santé. *Quand les soldats arrivent, elle tombe à terre et se met à prophétiser; puis elle se redresse* nullement fatiguée, souriante *et danse avec l'huissier venu l'arrêter, tandis que les habitants chantent* Jean danse mieux que Pierre *et que les miliciens, à la fois surpris et rassurés, battent la mesure en frappant la crosse de leurs mousquets contre les pavés*[34].

Les méchants, exclus de ces fêtes de la réconciliation, doivent bien être punis, mais par la main de Dieu; les prophètes se contentent d'annoncer leurs châtiments, sans en être les instruments. Sans doute, à fréquenter quotidiennement l'Ancien Testament, ils étaient préparés à l'idée d'une vengeance divine dont ils seraient les agents comme au temps d'Israël. Nous ne pouvons nous empêcher cependant de penser que la mutation du message prophétique a pour origine principale une répression renouvelée et sans répit. Le texte du catholique La Baume concorde avec celui de Marion pour affirmer la force des réactions des autorités et tous deux trouvent confirmation dans cette lettre de Bâville à Fléchier à propos des premiers désordres du diocèse d'Uzès, en mars 1701 :

L'unique secret est de faire arrêter les prophètes et les prophétesses au moment qu'ils paraissent. C'est l'ordre que j'ai donné partout. J'envoie les hommes à

Aigues-Mortes et les femmes dans les prisons de Pont-Saint-Esprit[35].

En novembre, après avoir condamné à mort quatre prédicants du Vivarais, il confie au même Fléchier : Je ne ferai aucune grâce aux prédicants ; triste et ennuyeux emploi quand on l'a fait dix-sept ans[36].

L'exaspération dans toutes les Cévennes s'accroît. Parmi plusieurs témoignages, voilà celui d'un père du Pont-de-Montvert dont on a tué la fille au début de 1702. C'est un homme modéré, son style révèle le notable ; il n'attend d'ailleurs le salut que du changement d'opinion du Roi ; pourtant il pressent déjà la vengeance contre les prêtres :

Curé tout plein de fiel, de malice et de rage*
Cruel persécuteur des nouveaux convertis
Le démon t'a donné le désir, le courage,
De perdre injustement les grands et les petits.

N'insulte plus aux maux de tant de misérables
Qui ont le cœur outré de leur abjuration,
car pour trop les presser, tu les rendras coupables
De faire contre toi, quelques mauvaises actions.

Notre état peut changer comme d'autres de face
Dieu tient le cœur des rois et des princes la main
S'il le fléchit pour nous et l'incline à la grâce
Tu mourras de regret de voir ton projet vain[37].

A plus forte raison, cette exaspération se reflète dans le prophétisme. En mai 1702, on entend dans une assemblée :

* S'agit-il de l'abbé Du Chaila ?

Le Roi veut nous faire renoncer à la parole de Dieu et nous faire renoncer à la grâce de l'Éternel ! mais il est incapable de rien faire contre la parole de notre Éternel ! N'allez à la messe que pour la forme, le temps est venu où nous n'irons plus [...] ayons bon courage, l'Éternel nous a donné la victoire[38].

LA VENGEANCE DE DIEU

C'est avec Abraham Mazel, peigneur de laine dans la paroisse de Saint-Jean-du-Gard que la mutation s'achève. Désormais, les prophètes vont devenir les instruments de la vengance de Dieu. Écoutons cet homme si nourri de sa Bible qu'il en prend naturellement l'intonation et le souffle :

Abraham Mazel, natif du lieu de Fauguières, paroisse de Saint-Jean-de-Gardonnenque dans les Cévennes, fils de David Mazel dudit lieu de Fauguières, travailleur de terre, et de Jeanne Daudé du lieu du Villaret, paroisse de Grisac dans les Hautes-Cévennes. Il était âgé d'environ vingt-deux ans quand Dieu le visita de son Esprit de prophétie, ce qui fut un jour de dimanche neuvième octobre 1701. Tout le monde sait le grand nombre d'inspirés que Dieu suscita dans les Cévennes pour prêcher sa Parole et pour réveiller le peuple protestant de l'assoupissement dans lequel il était depuis que le Roi avait révoqué l'édit de Nantes, abattu nos temples et fait renoncer nos pères à leur religion pour embrasser le papisme par le ministère des dragons et des supplices.

Voici de quelle manière A. Mazel nous raconte le commencement de la guerre des Cévenols contre le Clergé et les troupes du Roi Louis XIV.

La voix de ce grand nombre d'inspirés qui criaient dans les villes et à la campagne : « Amendez-vous, repentez-vous, n'allez plus à la messe, renoncez à l'Idolâtrie », qui prédisaient la destruction de l'Empire du Diable, de la Bête et du Faux prophète, que de grandes calamités allaient tomber sur le pays, que les églises seraient brûlées et des lieux habités seraient rendus déserts, qu'il y aurait grande désolation, et que par le fer et par le feu on ferait de grands ravages. Nos ennemis prirent l'alarme ; ils mirent tout en œuvre pour la supprimer cette voix ; mais plus ils en emprisonnaient, plus le nombre se multipliait ; enfin on faisait feu sur les assemblées, étant las de faire des prisonniers [...].

Quelques mois avant de prendre les armes et que la moindre pensée m'en fut montée au cœur, je songeais que je voyais dans un jardin de grands bœufs noirs et fort gras qui mangeaient les choux du jardin. Une personne que je ne connaissais pas m'ayant commandé de chasser les bœufs noirs hors du jardin, je refusai de le faire, mais ayant redoublé ses instances et ses ordres, j'y obéis et chassai les bœufs hors du jardin. En suite de cela, l'Esprit du Seigneur étant venu sur moi me saisit à l'ordinaire comme un puissant et fort homme auquel on ne peut résister et m'ayant ouvert la bouche, me fit déclarer entre autres choses que le jardin que j'avais vu représentait l'Église, que les gros bœufs noirs étaient les prêtres qui la dévoraient et que j'étais appelé pour accomplir cette figure.

J'eus plusieurs inspirations par lesquelles il me fut dit de me préparer à prendre les armes pour combattre avec mes frères contre nos persécuteurs, que je porterais le fer et le feu contre les prêtres de l'Église romaine et que je brûlerais leurs autels[39].

Quelque temps après, « l'inspiration » se précise. Un prêtre a particulièrement concentré la haine des nouveaux convertis sur lui :

Le samedi 22 juillet 1702, Salomon Couderc, Pierre Sequier, dit Esprit, Jean Rampon et moi reçûmes ordre par inspiration de faire une assemblée dans un bois près de Saint-Julien-d'Arpaon*, où nous fûmes toute la nuit. Après avoir congédié l'assemblée, nous fûmes dans le village de Bougès, où Jacques Couderc et David Mazaurie nous vinrent trouver par un ordre qu'ils avaient reçu de l'Esprit sans qu'ils sussent que nous y fussions, ni à quel dessein ils y étaient venus, non plus que nous qui ignorions absolument les ordres qui nous furent ensuite donnés. Ce même jour, nous fûmes ensemble à deux lieues, dans un petit lieu appelé Vieljouvès. Étant là assemblés avec plusieurs autres, qui aussi étaient inspirés, l'Esprit vint sur moi d'une manière si terrible que les agitations qu'il causa de tout mon corps portèrent la crainte et la frayeur dans l'âme de ceux qui me regardaient. Je pensais comme eux — ayant mon esprit libre quoique mon corps fût si agité — que quelque chose d'extraordinaire nous allait être déclaré. Enfin ma bouche ayant été ouverte, elle prononça un assez long discours dont voici le précis. Savoir que nous, les six susnommés, irions deux à deux vers nos quartiers pour assembler de nos frères et des armes autant que nous pourrions, et de nous rejoindre le lendemain sur la montagne du Bougès, et que de là nous irions délivrer nos frères qui étaient enserrés au Pont-de-Montvert [...].

Le lendemain, lundi 24 juillet, nous nous trouvâmes, comme le soleil se couchait sur ladite montagne du

* Toutes ces réunions ont lieu dans la montagne du Bougès qui domine au sud le Pont-de-Montvert et la vallée du Tarn.

Bougès, où une vingtaine de paysans de nos quartiers nous vinrent trouver. Mes autres quatre frères en amassèrent aussi une trentaine eux compris, de sorte que nous fûmes soixante en tout. Les armes que nous avions consistaient en vingt fusils ou pistolets tant bons que mauvais, quelques sabres, hallebardes, haches et faux ; les autres avaient des bâtons en guise de mousquets. Nous eûmes là divers avertissements de l'Esprit pour nous encourager à mettre en exécution l'ordre qui nous avait été donné, avec la confirmation et pleine assurance que certainement nous délivrerions nos frères.

Il faut savoir que l'abbé du Chaila qui était Inspecteur sur le diocèse de Mende, ne cédait en rien en cruauté selon son pouvoir, à l'Intendant Bâville. Ce prêtre barbare détenait huit ou neuf de nos frères ou sœurs dans une maison du Pont-de-Montvert, laquelle il s'était appropriée, ayant fait condamner aux galères longtemps auparavant, pour cause de religion, un gentilhomme appelé M. d'André à qui cette maison appartenait[40].

DIEU AVEC NOUS

Dans cette expédition, tout se fait selon l'inspiration, et les miracles accompagnent les prophètes ; le feu prend rapidement à la demeure de l'abbé du Chaila sans atteindre les maisons voisines, ni la prison. Quant à l'inspiré blessé, il doit son malheur à sa désobéissance aux ordres de l'Esprit. Le style même de la guerre prophétique est tout entier dans cet épisode initial :

De la montagne du Bougès au Pont-de-Montvert, il y a une lieue. Nous y arrivâmes vers les dix heures du soir. Pierre Esprit rangea la troupe par inspiration, les faisant marcher quatre à quatre. Il me dit que l'Esprit ne lui donnait rien à connaître pour moi, que je devais savoir ma place. Effectivement je le savais, il m'avait été donné à connaître ; je marchais à la droite du premier rang, où lui-même, Nicolas Joini et Jean Couderc étaient. Les autres étaient vers le milieu et à la queue exhortant la compagnie et les encourageant.

Nous entrâmes dans cet ordre au Pont-de-Montvert en chantant les Psaumes. Et, comme il nous avait été aussi ordonné, par inspiration, de faire feu sur ceux qui à l'alarme se montreraient pour crier ou apporter empêchement, on tira quelques coups de fusil, mais personne n'eut aucun mal. Quelqu'un ayant été avertir l'abbé qui était là aussi, deux Capucins lui disant qu'il devrait se retirer, qu'on entendait un bruit de tumulte, il dit que c'était sans doute des prisonniers qu'on lui amenait, que pour lui il ne craignait rien. Les Capucins plus timides se retirèrent au plus vite.

Étant arrivés près de la maison où était l'abbé du Chaila, nous posâmes des sentinelles sur toutes les avenues, leur donnant le mot du guet qui était : « Saint Jean de Boutières ». Le vicaire du lieu, qui était aussi maître d'école, vint à nous, ne pouvant s'imaginer ce que ce pouvait être et nous dit : « Que veut dire ceci messieurs ? que demandez-vous ? — Nous demandons, lui dis-je, les prisonniers de la part de Dieu. » Nous menâmes le vicaire devant la porte de l'abbé, et le fîmes appeler par lui. « Que demandez-vous ? » cria l'abbé. « On demande les prisonniers », répondit le vicaire, et comme nous n'entendîmes aucune réponse, nous criâmes à haute voix, que de la part de Dieu nous demandions les prisonniers. « Eh bien, ils sont à vous, répondit l'abbé, si vous ne demandez autre chose. » Après cela, nous demeurâmes quelque temps dans le silence, en attendant qu'on vînt nous relâcher les prisonniers. Mais voyant que rien ne paraissait et qu'ils faisaient la sourde oreille, je me mis à enfoncer la porte à coups de hache, tandis que nos gens redoublèrent de cris demandant les prisonniers. Alors on relâcha ceux qui étaient enserrés dans ces ceps, à qui on donna les clefs pour nous ouvrir. La porte étant ouverte nous entrâmes dans l'endroit où les prisonniers étaient, qui nous dirent qu'il y en avait encore un qui était enfermé tout seul dans tel endroit de la maison où nous fûmes pour enfoncer la porte. Pendant ce temps-là, Salomon Couderc, Jean du lieu de Racoulles, et le nommé La Rose voulant monter l'escalier pour demander la clef du cachot où était ce bon vieillard, on leur lâcha un coup de fusil du haut en bas, dont la balle perça la joue, et lui sortit sous l'oreille, dudit Jean de Racoulles. Voyant cela nous sortîmes tous de la maison d'où l'on faisait feu sur nous des fenêtres. Le blessé, qui était aussi un inspiré, nous dit que ce qui venait de lui arriver était en punition de son péché, n'ayant pas obéi à quelque commandement qui lui avait été fait.

Pierre Esprit, Salomon Couderc, Laporte de Branoux, quelques autres et moi, nous retirâmes à l'écart pour prier Dieu et lui demander sa direction sur ce que nous avions à faire, car le pauvre Pierre Esprit était fort attristé de voir Jean de Racoulles tout en sang et le croyait mort. En faisant la prière, je fus saisi de l'Esprit, de la même violence que je l'avais été quand je reçus l'ordre en question. Voici le commandement qui nous fut donné, en ces termes : « Que tes frères mettent du feu au pied de l'escalier, et que la maison et ceux qui y sont soient mis à l'interdit. » Aussitôt Laporte de Branoux s'étant fait donner un bout de chandelle allumée, ramassa quelques poignées de paille où couchaient les prisonniers, qu'il porta au pied de l'escalier, où, suivant l'ordre, ayant mis le feu, à peine eut-il le temps de se retirer, que la flamme perça jusqu'au toit. Jamais on n'a vu une flamme si prompte, car, quand même la maison aurait été bâtie avec des choses les plus combustibles, je ne pense pas qu'elle eût pu être brûlée en si peu de temps. Ce qu'il y eut encore d'admirable, c'est que les maisons voisines qui la touchaient à droite et à gauche, n'eurent pas la moindre offense. Il fallait qu'il y eût bien des armes chargées dans la maison, car dans le temps qu'elle brûlait, nous entendions les décharges, qu'il semblait qu'il y eût combat au-dedans.

LE MEURTRE DE L'ABBÉ DU CHAILA

J'avais eu ordre, par mon inspiration, de me tenir sur le pont de la rivière du Tar qui passe derrière la maison de l'abbé, lequel voyant la maison en feu, lui et cinq ou six autres personnes qui étaient avec lui — comptant le vicaire qui y était monté — descendirent par les fenêtres qui regardaient la rivière, par le moyen de quelques draps qu'ils avaient attachés aux colonnes des fenêtres. Ce qu'ayant aperçu, je fis venir de nos gens qui leur tirèrent dessus à mesure qu'ils paraissaient. Les flammes les poussaient si fort au-dedans qu'ils se jetaient à corps perdu hors les fenêtres malgré nos mousquetades et le danger de la chute. Pendant ce temps-là, notre pauvre vieillard, que nous n'avions pas eu le temps de faire sortir, criait de la prison « au secours » de toute sa force. Il n'y avait pas moyen d'entrer dans la maison, car le feu avait gagné partout, de sorte qu'on fut obligé de rompre la muraille, par où l'on sortit le bonhomme qui se croyait à demi grillé, si grande avait été la peur qu'il avait eue des flammes qui avaient déjà embrasé toute la maison, ce seul endroit de sa prison excepté, ce qui nous parut remarquable.

J'ai dit que je me tenais sur le pont, pour voir de là,

ce qu'il y avait à faire pour l'entière exécution de nos ordres. J'envoyai quelques-uns de nos frères dans le jardin de la maison qui brûlait, où il me semblait voir quelqu'un en chemise qui s'y était caché. Ce jardin n'ayant qu'une méchante haie, on y fut bientôt entré. L'objet que j'avais vu, se trouva être l'abbé du Chaila en chemise, qui n'avait pu passer outre, à cause qu'il s'était froissé en descendant ou plutôt en sautant la fenêtre. On l'amena sur le pont où * soit qu'il ne put pas se soutenir à cause de la fatigue, ou pour être en posture de suppliant devant ceux qu'il avait toujours traités avec tant de hauteur et ceux qui, une heure auparavant, il détenait dans ses ceps ou prisonniers, pour les faire pendre, rouer, ou envoyer aux galères. Dans cette posture, il nous disait, comme l'on peut juger, d'une voix fort plaintive : « Vous savez messieurs que Dieu défend le meurtre. » Jean Couderc sans attendre qu'il en dît davantage, lui dit : « Malheureux que tu es : c'est par ceux que tu as fait pendre, rouer, envoyer aux galères, dans l'exil, et fait périr de misères et dans les souffrances, que nous te sommes envoyés pour te rendre selon tes œuvres ; car c'est ici le moment de ta rétribution. — Oh, messieurs, continua l'abbé, je vous suivrai partout ; ou, si vous me laissez aller, je vous jure que je ne persécuterai plus, et que je me retirerai dans mon château, pour ne plus me mêler d'affaires de religion. » Quelque autre lui répliqua en ces termes : « Vous perdez votre temps, monsieur l'abbé, vous feriez mieux de l'employer en prières, demandant pardon à Dieu de vos péchés, et des cruautés que vous avez exercées contre ses enfants, et qu'il lui plaise de faire miséricorde à votre âme. » Mais voyant qu'il ne voulait point prier Dieu et qu'il criait toujours pour la vie, Pierre Sequier tira son sabre,

* Ici il manque quelques mots, sans doute : *il tomba à genoux.*

duquel il frappa sur la tête de toute sa force. Cette partie du sabre qui avait pénétré dans la tête de l'abbé jusqu'à la pointe, sauta en l'air. Nicolas Joini l'ayant frappé d'un coup semblable, son sabre eut aussi le même sort. On le perça ensuite de plusieurs coups. Ainsi finit la vie malheureuse de ce cruel persécuteur qui fut le signal et le commencement de la guerre des Cévennes qui a tant fait de bruit dans le monde[41].

UNE TROUPE DE SCÉLÉRATS

La version catholique, ici représentée par La Baume, est évidemment différente :

Une troupe de ces scélérats, d'environ deux cents, dont il n'y avait que le tiers d'armé, entra dans le Pont-de-Montvert, sur les dix heures du soir ; elle était conduite par le nommé Laporte, originaire d'Alais, âgé de quarante-six ans. Il avait été marchand de fer. Son négoce n'ayant pas réussi, il fit banqueroute, après quoi il devint vendeur de cochons ; en dernier lieu il devint forgeron d'un martinet près du Collet de Dèze *. Ce métier ne lui donnant pas de quoi vivre, il se mit à la tête des rebelles avec son neveu Roland, qui devint fameux dans les suites par ses crimes. Il choisit pour son principal prophète le nommé Esprit Séguier. C'était un cardeur, âgé de cinquante ans, de la paroisse de Cassagnas **, il avait le visage noir, maigre et long et les yeux hagards, ce qui lui rendait la mine affreuse. Dans sa jeunesse, il fut condamné aux galères pour divers larcins, et quelques années après on le condamna par défaut à être pendu pour avoir violé une

* Collet de Dèze, canton de Saint-Germain-de-Calberte.
** Cassagnas, canton de Barre-des-Cévennes.

jeune fille. Dans le temps qu'il fut appelé par Laporte pour lui servir de prophète, il entretenait une fille abandonnée nommée Catherine Doux, qui le suivait partout.

Cette troupe de bandits entra dans le Pont-de-Montvert en chantant des psaumes et tira plusieurs coups de fusil pour épouvanter les habitants qui n'étaient pas de leur intelligence. Ils bordèrent le devant de la maison de M. l'abbé du Chaila, qui crut d'abord qu'ils ne voulaient enlever que six jeunes hommes qui s'étaient trouvés à diverses assemblées avec des armes [...].

M. l'abbé du Chaila étant prévenu qu'on ne voulait qu'enlever les prisonniers les fit remettre en liberté. On ouvrit les portes de la rue pour les faire sortir ; les fanatiques s'y jetèrent en foule. En entrant, ils blessèrent à mort le sieur Raoul, ecclésiastique, régent de l'école ; après quoi ils coururent vers l'escalier, en faisant des hurlements effroyables. Alors l'abbé du Chaila, qui se vit perdu, se prépara à la mort ; il donna l'absolution à ses domestiques et les exhorta en peu de mots à mourir en bons catholiques. Ses valets se mirent sur le haut de l'escalier, d'où ils tirèrent deux coups qui tuèrent un de ces scélérats, et en blessèrent un autre dangereusement.

Les deux pensionnaires, au premier bruit, se jetèrent par la fenêtre dans le jardin et passèrent la rivière à la merci de trente coups de fusils qu'on leur tira sans les blesser. Un d'eux, dont je tiens cette relation, s'alla cacher dans le milieu d'un gros arbre, d'où il vit tout ce qui se passa [...].

Laporte, qui ne s'attendait pas à la résistance qu'il trouva à l'entrée des degrés, et qui ne voulut pas perdre un plus grand nombre de ses gens, leur cria : « Enfants de Dieu, cessez votre attaque qui nous arrêterait trop longtemps ; il faut brûler la maison et tous ceux qui y sont enfermés. » On fit d'abord, au milieu de la salle basse, un monceau de tous les meubles de bois qu'on put ramasser, et pour que le feu y prît plus promptement, on y jeta les paillasses sur lesquelles les soldats couchaient. Dans un moment, la maison fut en feu. L'abbé du Chaila ayant une épaule à demi brûlée, avec le secours d'un de ses domestiques, attacha les draps de son lit à la fenêtre et descendit dans le jardin. Il se cassa une cuisse en tombant; néanmoins, avec l'aide d'un valet qui était descendu après lui, il se traîna dans une haie de buissons qui fermait en partie le jardin. Un des soldats qui était dans sa chambre, ayant ramassé des habits et quelques hardes, se jeta à travers les flammes pour se sauver ; il fut pris et conduit à Laporte qui consulta son prophète sur sa destinée. Un des prisonniers lui dit qu'il les avait traités avec douceur; ce qui lui sauva la vie. Le prophète mit la main sur sa tête et cria : « Mes frères, le Saint-Esprit veut que nous lui fassions grâce, pourvu qu'il renonce au papisme. » Les trois autres soldats avec le valet de chambre se jetèrent dans la rivière : on tira quelques coups de fusils qui les blessèrent tous quatre; mais ils en échappèrent. L'abbé du Chaila ayant été aperçu à la clarté du feu, ils y coururent en criant : « Allons garotter ce persécuteur des enfants de Dieu ! » Ils lui dirent : « Tu expieras aujourd'hui les violences que tu as exercées pendant si longtemps contre nos parents et nos amis. » Le prophète leur imposa silence et dit d'un ton grave : « Dieu ne veut pas la mort du pécheur, mais qu'il vive et se convertisse; accordons-lui la vie, à condition de faire parmi nous les fonctions de ministre de l'Éternel. — Plutôt mourir mille fois, s'écria l'abbé du Chaila. — Tu mourras donc, répliqua le faux prophète : ton péché est contre toi. » Ils le traînèrent sur le pont où ils le percèrent de cinquante-quatre coups de poignard, qu'ils lui donnaient lentement et à diverses reprises, pour le faire souffrir plus longtemps. [...]

Qu'il me soit permis en cet endroit, de faire par avance une réflexion que je tire de toute l'histoire des Camisards. Pendant le cours de cette révolte, ils ont tenté d'ébranler la constance et la fermeté d'une infinité d'anciens catholiques de tout âge et de tout sexe, par des supplices non seulement cruels et affreux, mais inouïs la plupart jusqu'alors, sans que leur barbarie ait pu faire chanceler dans la foi aucun catholique ; la grâce toute-puissante du Seigneur les a visiblement soutenus pendant cette rude persécution[42]. »

Dès l'abord, apparaît la difficulté pour l'historien d'établir la réalité des faits : les deux récits de la mort de l'abbé du Chaila sont rigoureusement contradictoires, tous deux d'ailleurs également invraisemblables. L'archiprêtre des Cévennes était dur et impitoyable, mais on ne peut lui dénier du courage personnel : il l'avait montré quelques années auparavant quand, missionnaire au Siam, il avait résisté à la torture. Inversement, comme les inspirés auraient-ils pu demander à leur pire ennemi de devenir leur pasteur ? En réalité, ces deux textes n'ont pas pour fonction première de raconter exactement un événement, mais de renforcer la foi des fidèles en décrivant un exemple de la justice divine ou la mort du premier martyr : en toute bonne foi, ils ont dû interpréter une scène certainement confuse et des propos ambivalents selon la « grille de lecture » de leur camp. Cependant, ils s'accordent tous les deux pour faire débuter la guerre à partir de ce meurtre, conception déjà historique, car sur le moment personne n'en eut conscience.

3

Chronique d'une révolte

Il n'y a pas d'apparence qu'il [le meurtre de l'abbé du Chaila] soit suivi d'un soulèvement du pays, *écrit Bâville au ministre de la Guerre, le 28 juillet*[1]. *Pour l'intendant, l'événement, plus grave que les incidents précédents, ne se détache pourtant pas de l'agitation endémique qui règne dans la région depuis 1701. Et si la Cour est informée d'une* histoire fâcheuse *arrivée en Cévennes*[2], *elle ne lui attache pas d'importance ; Dangeau n'en souffle mot dans son journal. Quant à la presse, elle est muette, à l'exception de la gazette de Bruxelles du côté des Français et de celle de Berne dans l'autre camp*[3].

De fait, après avoir tué deux ecclésiastiques et massacré tous les habitants d'un château catholique, le groupe des prophètes semble hésiter. Quatre jours après l'assassinat de l'abbé du Chaila, l'un des chefs, Esprit Séquier, se laisse même arrêter sans résistance au Plan-de-Fontmort par les troupes royales venues rétablir l'ordre.* Après l'affaire de Fontmort, nous demeurâmes cois quant aux entreprises, *précise Abraham Mazel*[4]. *Certains auraient songé à quitter le royaume si l'on en croit l'historien protestant Antoine Court, s'appuyant sur le*

* A 8 kilomètres à l'est de Barre-des-Cévennes.

témoignage d'un ancien Camisard. Les autorités pensent donc être tranquilles et Esprit Séquier est condamné à être brûlé. Il est exécuté au Pont-de-Montvert ; sa mort a beaucoup frappé les nouveaux convertis :

Je dirai quelques particularités remarquables sur la mort d'Esprit. Pierre Séquier, dit Esprit, âgé de quarante à quarante-cinq ans, était du Magistavol, paroisse de Cassagnas. Il était peigneur de laine et avait femme et enfants. Avant qu'on l'appliquât à la question pour le faire parler, il déclara qu'il avait été de l'affaire de l'abbé du Chaila, au brûlement de l'église de Saint-André, à celui du château de la Devèze et que c'était là tout ce qu'il pouvait dire. On lui donna la question ordinaire et extraordinaire sans qu'on pût arracher une seule parole de plus que ce qu'il avait dit, non pas même un soupir. On le mena ensuite au poteau où il devait avoir le poing coupé, et où le bûcher était dressé. Dès qu'on lui eut coupé le poing droit il présenta l'autre pour être coupé aussi, leur disant de se rassasier. Mais le bourreau lui dit que la sentence ne le portait pas. De là, il fut mis dans le bûcher qui le brûla. On ne parlait dans le pays que de la belle mort d'Esprit, de sa constance et de sa fermeté. Il chanta dans ses souffrances le Psaume LXIX et prédit que la place où l'on exécutait serait emportée dans peu de temps par les eaux, ce qui effectivement arriva, car le Tar [Tarn], s'étant débordé extraordinairement, emporta la place et y changea son lit, de sorte que l'eau passa sur l'endroit même où il avait été brûlé[5].

Cependant, au milieu d'août, un commissaire aux protestants, le baron de Saint Cosme, est assassiné dans la plaine. Peu après, Mazel reprend son activité dans les Cévennes :

Après divers avertissements qui m'avaient été donnés de me préparer à prendre les armes, plus fortement que nous n'avions fait encore, pour livrer la guerre à nos persécuteurs, ordre me fut donné de faire assembler le peuple, à un tel endroit du désert ; de leur déclarer l'ordre qui m'avait été donné de prendre les armes contre les persécuteurs, et que ceux à qui Dieu mettrait au cœur le désir de combattre pour sa cause eussent à se rendre dans un lieu marqué qui était entre le Collet de Dèze et Saint-Martin-de-Boubaux. Cette assemblée fut d'environ quatre cents personnes, hommes, femmes ou enfants[6].

LA RÉVOLTE S'ORGANISE

Petit à petit, les groupes s'organisent. Une certaine coordination avec le bas-pays s'esquisse : alors apparaît un jeune garçon boulanger d'un village proche d'Anduze, Jean Cavalier. La Baume en présente une biographie, pour une fois, assez mesurée :

Il pouvait alors avoir vingt et un ans ; c'est le fils d'un paysan de Ribaute qui commença par lui faire garder les cochons ; il servit ensuite de goujat chez Lacombe, bourgeois de Vézénobres, après quoi il apprit le métier de boulanger. Le curé de Vézénobres lui ayant fait deux procès, l'un civil, l'autre criminel pour fait de religion, il se retira à Genève où il resta deux ans ; il revint ensuite en France où il se trouva à la plus grande partie des assemblées séditieuses qui se firent dans les Cévennes et dans la Vaunage *. Son adresse et son audace l'élevèrent par degrés à la charge de général de l'armée des fanatiques dont il prit le titre

* Plaine au sud-ouest de Nîmes.

dans ses lettres, ce qui, joint à la qualité de prédicant et de prophète dont il remplissait les fonctions dans toutes les assemblées, le faisait regarder par les nouveaux convertis non seulement comme un homme extraordinaire, mais encore comme un homme envoyé de Dieu pour rétablir en France la liberté de l'exercice de la religion calviniste[7].

Un premier combat incertain se déroule le 11 septembre du côté du Collet-de-Dèze ; de nombreuses églises de la montagne sont brûlées. Un moment, Bâville croit encore la fin des troubles proche, lorsque le forgeron Laporte, l'un des principaux chefs, est tué à la fin d'octobre dans un nouvel engagement au-dessus de Sainte-Croix-Vallée-Française :

J'espère que nous rendrons bientôt bon compte de ces scélérats. J'ai vérifié qu'avec Laporte trois des chefs ont été tués, il en reste encore deux de moindre étage. Laporte était le général très absolu. On en a pris encore plus de quinze et je m'aperçois que ceux qui étaient venus de la plaine commencent à défiler pour retourner chez eux. On en prend tous les jours[8].

Il déchanta rapidement. Les révoltés prenaient de jour en jour plus d'audace, la campagne n'était plus sûre ; la plupart des curés s'étaient réfugiés dans les villes ; les troupes d'insurgés se multipliaient, couvrant peu à peu l'ensemble des Cévennes et la plaine avoisinante. De nouveaux chefs se manifestaient et, parmi eux, celui qui, avec Cavalier, laissa un nom, Roland :

Comme Laporte, dont je vais parler, qui était parent du défunt * et qui se fit surnommer Roland, fut un chef

* Erreur générale : il n'y a aucun lien de parenté entre les deux hommes, mais une simple homonymie.

des plus considérables qu'il y ait eu dans notre guerre, il est à propos que je dise qui il était, avant de raconter ce que j'ai à dire de lui. Laporte était âgé d'environ vingt-deux ans quand Dieu le visita de son Esprit. Il était fils d'un paysan du lieu du Mas-de-Soubeyran, paroisse de Mialet dans les Cévennes *. Sa profession était de travailler en laine. Avant que nous prissions les armes, il se tenait à Nîmes ou aux environs, annonçant au pauvre peuple la Parole de Dieu selon ce talent qu'il en avait reçu [9].

Aux coups de main isolés et sans lien, au gré de l'inspiration, succédaient des opérations mieux combinées et plus systématiques. L'agitation violente de l'été est devenue révolte générale ; Bâville en est convaincu dans un mémoire à la Cour du 22 décembre 1702 :

On voit avec déplaisir que les désordres des Cévennes augmentent tous les jours au lieu de diminuer [...] Il faut encore considérer que la mort des chefs qui ont été tués avec plus de cent cinquante de ces gens-là, que la punition de vingt-cinq au moins qui ont été jugés et exécutés sur les lieux avec la dernière rigueur n'ont pu diminuer ni arrêter le mal ; au contraire, il semble que les fanatiques ne pensent qu'à faire des représailles, à tuer autant d'anciens catholiques qu'on fait mourir par la justice de gens de leurs troupes, ce qui marque un esprit de révolte venu à l'excès et demande d'autres secours que celui de milices timides ou de nouveaux régiments qui sont dans cette Province dont les soldats ne valent pas mieux que les milices [10].

* Canton de Saint-Jean-du-Gard.

Fléchier n'est pas plus optimiste, quelques jours après :

Jamais temps ne fut plus malheureux que celui-ci, les dangers deviennent toujours plus grands et il semble qu'on ait toujours plus de peine à être assisté [11].

Analyse réaliste : à la veille de Noël, Cavalier n'a-t-il pas mis en déroute 700 soldats de la garnison d'Alès ?

Voici un des coups surprenants de la Providence qui frappa nos ennemis d'une grande terreur. Cavalier faisant une assemblée dans un endroit appelé en notre patois le Mas Rouge qui est à une petite lieue d'Alais, fut découvert au gouverneur de cette ville, qui sortit contre eux à la tête de la noblesse qui se trouva là, de la garnison du Fort et de la bourgeoisie, faisant plus de 700 hommes, et Cavalier n'avait qu'environ 60 hommes pauvres, misérables, maladroits et sans expérience aux armes. On dit que ce gouverneur avait fait porter des cordes pour les mener attachés deux à deux afin d'en faire un exemple mémorable. Cavalier, ayant eu quelque inspiration qui lui promettait la victoire, fit retirer d'un autre côté l'assemblée et attendit les ennemis avec ses 60 hommes, qui le trouvèrent un genou à terre. Crurent alors qu'il allait demander grâce ou la vie, mais, voyant que ce n'était pas cela par leurs gestes, firent feu sur eux, criant « tue, tue ! » Ceux-ci, qui n'avaient pas reçu le moindre dommage par le feu, se levèrent en chantant les Psaumes et fondirent sur eux avec une telle rapidité que les premiers, qui étaient des gentilshommes et des bourgeois à cheval, furent ébranlés à la première décharge dès qu'ils en virent plusieurs par terre ; et, entendant crier les autres de leurs blessures, firent volte-face et culbutèrent l'infanterie, et tout prit la fuite. Les uns s'enfermèrent dans le château de Saint-

Christol et les autres dans la ville et Fort d'Alais, où les fuyards criaient que tout était perdu. Voilà des effets de « la frayeur de l'Éternel[12]. »

« ON COMMENÇA DE NOUS APPELER CAMISARDS »

Le 12 janvier, succès plus considérable encore, puisque le commandant des troupes en Languedoc lui-même, Broglie, doit se retirer en laissant sur le terrain l'un de ses meilleurs officiers, le capitaine Poul, celui qui avait arrêté Esprit Séquier et anéanti la troupe du premier Laporte :

On y avait d'abord envoyé le capitaine Poul qui avait été un fameux partisan dans les vallées vaudoises contre les troupes du duc de Savoie. Ce malheureux fit beaucoup de mal dans les commencements. Il était hardi et téméraire, et s'évait vanté de nous exterminer tous avec sa seule compagnie de dragons si jamais il pouvait nous attaquer en pleine campagne. L'occasion se présenta, aussi favorable qu'il paraissait la souhaiter, vers les fêtes de Noël dernier, que la troupe de Cavalier était aux environs de Nîmes, et que lui-même y était entré secrètement pour en sortir des munitions.

M. le comte de Broglie et Poul sortirent sur des avis qu'on leur donna et rencontrèrent ladite troupe de Cavalier que Ravanel commandait dans la plaine du val de Bane proche de la métairie de Gaffarel à deux lieues de Nîmes. Ces messieurs, voyant que nos gens les attendaient de pied ferme, furent un peu étonnés. Le courage du brave Poul parut ralenti, mais le comte de Broglie le releva en le faisant ressouvenir de ce qu'il avait dit, que l'occasion ne pouvait être plus belle. Poul, piqué de ces paroles, s'avança. Nos gens le reçurent au chant du Psaume LXVIII : « Que Dieu se montre seulement, là. »

Son feu fut sans effet ; il reçut un coup à la gorge qui le fit tomber de cheval. Aussitôt, monsieur le comte de Broglie prit la fuite. Cependant Poul se releva pour remonter à cheval en criant « A moi, dragons ! à moi dragons ! » Mais plusieurs des nôtres les plus chétifs, fondant sur lui à coups de haches, fourches et bâtons, lui firent sentir, en lui ôtant la vie de cette manière, que Dieu, quand il lui plaît, renverse les forts et les hautains, par les plus faibles et les plus méprisés. Il faut noter que ceux qui avaient des armes à feu poursuivaient les fuyards. Quatre de ses dragons demeurèrent sur la place, les autres et les soldats s'enfuirent à Nîmes ; plusieurs de ceux qui se présentèrent au combat se retirèrent fort blessés [...].

Ce fut après la mort de Poul que l'on commença de nous appeler Camisards. Je ne sais si c'est parce que nous donnions souvent la camisade (attaque de nuit) qu'on nous donna cette épithète, ou parce que d'ordinaire nous nous battions en chemise ou en camisole. On nous appelait aussi « fanatiques » à cause de nos inspirations[13].

Devant la progression de la révolte, l'opinion française et européenne commence à s'intéresser aux Cévennes. Déjà à la fin d'octobre, un « occasionnel » sur la défaite de Laporte avait été publié par l'imprimeur de Toulouse, Boude. En novembre et en décembre, un érudit, le père Léonard de Sainte Catherine de Sienne, qui tenait un véritable bureau d'information privé dans sa cellule du couvent de Notre-Dame-des-Victoires à Paris, se fait l'écho de la diffusion de plus en plus large des nouvelles du Languedoc :*

* Feuille imprimée lancée à l'occasion d'un événement particulier.

9 nov. On dit que les Religionnaires font de grands désordres en Languedoc. Sont des fanatiques dit-on.

Puis, viennent des rapports sur les États du Languedoc où l'affaire est à l'arrière-plan des délibérations :

On écrivait de Montpellier le... de novembre 1702 que M. de Bâville, Intendant de la Province, a été obligé de quitter les États du Languedoc pour aller à Saint-Gilles ; de là faire en sorte d'arrêter les désordres des religionnaires. Le Roi envoie dans ce pays-là quatre régiments.

L'origine de ces troubles suscite même dans l'Assemblée une vive discussion ; c'est l'une des rares fois où l'on rencontre en France une critique ouverte de la politique religieuse des autorités ; elle émane, il est vrai, d'un évêque janséniste connu pour ses réserves à l'égard de la contrainte[14] :

Mr l'évêque de Saint-Pons remontra que c'était la rigueur qu'on exerçait envers les Huguenots qui avait causé cette révolte en les obligeant à des amendes sous peine de fréquenter les sacrements ; qu'il fallait relâcher. M. l'évêque d'Alais, dont le diocèse fait partie des Cévennes, voyant que cela s'adressait à lui plus qu'aux autres évêques, dit qu'on ne pouvait pas lui imputer cette sévérité, mais que c'était l'ordre de M. l'Intendant, ce que M. de Juvignac, consul de Montpellier, justifia en disant qu'il avait ordre de M. l'Intendant de condamner à l'amende pour n'avoir pas été à la messe, communier, etc.

L'inquiétude ne cesse de s'amplifier et l'on grossit exagérément le nombre des rebelles :

22 déc. — On écrit de Montpellier du 15 de ce mois que la Province est fort alarmée à cause des fanatiques qu'on dit être à présent de près de 10 000 hommes qui exercent des cruautés inouïes [...] On n'a pu encore parvenir à les réprimer. Ce sont des désespérés et des furieux qui aiment mieux se faire égorger que de se rendre[15].

Le cas du père Léonard n'est pas isolé. Le 30 novembre, les religionnaires *de ce pays-là apparaissent pour la première fois dans le* Journal *de Dangeau*[16]. *Le lendemain, la Gazette de Rotterdam y fait allusion et une semaine après c'est le tour de celle de Leyde. En janvier, tous les périodiques (à l'exception des français) informent leurs lecteurs des événements ; en février et en mars, l'intérêt est encore plus vif. Pour ce dernier mois, la Gazette de Bruzelles (pro-française) et le périodique hollandais, le Mercure historique, consacrent 7 % de leurs informations aux Cévennes. Des correspondances locales et non plus parisiennes rendent compte des combats. Quant à Dangeau, il lui accorde près de 6 % de ses notations. Le géographe du Roi, Nolin, édite même une carte sur le théâtre de la Guerre qui est d'ailleurs diffusée avec un autre titre dans les pays du Refuge : les* Fanatiques *deviennent alors les* Mécontens. *La raison précise de cette croissance de la curiosité nationale et internationale est indiquée par la conclusion d'une brochure parue en Angleterre et intitulée* État et description des Sévennes par rapport à ce qui s'y passe aujourd'hui :

Imprimé le 13 février 1703, auquel jour on apprit par les nouvelles publiques que le Roi de France avait envoyé le maréchal de Montrevel avec un corps de troupes dans les Sévennes et commandé au Sr Julien, officier, réfugié, apostat, d'y entrer avec trois mille miquelets * tirés des monts Pyrénées. Ce qui fit conjecturer que la Cour et le Conseil commençaient à craindre que cette affaire n'eût de plus grande suite [17].

En réalité, les mesures prises par la Cour furent progressives, mais allaient toutes dans le même sens : en novembre 1702, les États du Languedoc décidaient la levée de troupes supplémentaires ; à la fin décembre, la Cour envoyait un nouveau brigadier, Julien, avec des soldats plus aguerris et, en février, elle remplaçait Broglie par Montrevel.

« CETTE RÉVOLTE TIRE À SA FIN »

Peu après le changement de commandement, apparaissent bien quelques communiqués de victoire immédiatement amplifiés par les occasionnels, par exemple à Pompignan le 6 mars 1703. Dans cette feuille volante, Montrevel est censé demander à l'évêque de Montpellier l'absolution pour le massacre de Camisards ; après avoir rendu compte de la manœuvre envisagée, il poursuit :

Ce projet a été exécuté avec tant de succès par M. de Parat, homme d'expérience et de mérite, qu'après les avoir mis en déroute, il en a tué plus de 400 sur la place, pendant que M. de Guichard, lieutenant-colonel, est tombé sur eux par un autre côté, lequel en a tué aussi un grand nombre sans que j'en sache encore les particularités ; mais je puis vous dire au moins que l'action a été fort vive et fort marquée : Que M. de Foix avec ses dragons y a fait des merveilles : que le régiment ne peut être trop loué. Messieurs de la Marine

* Soldats de montagne, mieux préparés aux types d'engagements que les dragons.

et un détachement du Dugast avec la compagnie de Montpeyroux y ont parfaitement bien fait, les miquelets nous ont porté quantité d'oreilles de ces infâmes coquins. Comme il me semble que cette correction n'est pas malheureuse, j'imagine que cela rassurera un peu le païs et surtout les anciens catholiques [...]

Vous voyez monsieur qu'il y a quelque espèce de raisons de vous demander l'absolution d'une expédition si sanglante : mais je crois que vous voudrez bien me l'accorder puisque c'est pour la Religion, la sûreté du Roi et de l'État.

Et dans une relation jointe à ce premier récit, rien n'est épargné pour tranquilliser la population, ni la fausse annonce de la mort de Roland, ni la forte diminution des pertes royales :

On a trouvé parmi les morts trois de leurs chefs : Rolland et Serre * sont du nombre. Les troupes du Roi n'ont perdu dans cette affaire que quatre dragons ou soldats et un capitaine des miquelets blessé très dangereusement. On leur a pris leurs chevaux et butin et on espère que les miquelets et l'infanterie qui font la battue du bois détruiront le reste. C'était la plus fameuse troupe de tous les fanatiques [18].

Les Montpelliérains avaient en effet bien besoin d'être rassurés, à en juger par cette lettre adressée au père Léonard, le 6 mars. On y voit aussi l'audace des révoltés :

Tout le monde est ici dans une consternation extrême, des alarmes terribles et continuelles que nous causent les malheurs qui menacent cette ville, l'ennemi impitoyable du pays étant à nos portes, sans avoir aucune sûreté contre ses entreprises qu'il peut tenter. Notre garnison n'en est pas vue, pour ainsi dire. Nous avons vu un lieutenant du Roi qui est d'une

* Aucun chef camisard important ne porte ce nom.

indolence inconcevable. Il ne se remue point et sur les fortes instances qu'on lui fait de pourvoir aux précautions nécessaires contre l'insolence des fanatiques, il répond qu'on ne doit pas témoigner les craindre. Nos portes qui devraient être toutes murées, à l'exception de deux, ne sont pas seulement gardées que par quelques soldats. Et il n'y a point de troupes de ce côté-ci, M. de Montrevel étant dans les Hautes-Cévennes, tellement que nous voilà à la veille d'être mis par ces gens-là tout à feu et à sang, si l'on n'y donne de prompts ordres. Des rues de cette ville se trouvèrent hier remplies de chariots et charrettes pleines de meubles, d'hommes, de femmes, d'enfants et de blessés qui se réfugiaient ici. Ces objets me parurent des plus touchants. On nous apprit qu'une bande de ces malheureux au nombre de 1 500 avaient été à Ganges où ils ne brûlèrent pas l'église, se la réservant, disaient-ils, pour en faire leur temple. Ils y entrèrent avec la dernière audace, tambour battant. Ils assemblèrent jusqu'à 3 000 personnes dans la place tant nouveaux convertis qu'anciens catholiques. Ils y firent faire une prédication, chanter des psaumes. Ils marchèrent ensuite rangés en ordre de 2 à 2 et parcoururent ainsi tout ce lieu là et les environs en psalmodiant [...] Il y a présentement huit régiments formés de ces scélérats. Je ne puis vous dire tout ceci sans une douleur étrange[19].

Ce pessimisme de l'opinion catholique est partagé par plusieurs responsables, comme le brigadier Julien :

J'ose vous répondre, Monseigneur, que je l'envisage comme une affaire des plus sérieuses et très importante. C'est un mal qui est devenu violent et presque désespéré pour n'avoir pas, dans le commencement, appliqué les remèdes qui auraient empêché le venin d'augmenter et à présent il faut de toute nécessité des expédients proportionnés au danger[20].

ou Bâville ;

Il est certain que le mouvement qui est maintenant en Languedoc est très grand et très dangereux [...] Mais plus je considère et plus il me paraît mériter une grande attention. Je crois qu'il est répandu dans l'esprit de tous les religionnaires, qu'il n'y en ait point qui n'ait la tête tournée, tout le peuple est ému et déterminé à mal faire ; il n'y a que celui qui est contenu par les troupes qui n'agit pas ouvertement[21].

Montrevel lui-même avoue son impuissance, un mois et demi seulement après son arrivée :

On ne viendra pas à bout de cette canaille par détail quand on leur donnerait six combats par semaine avec avantage, parce que c'est une vermine qui se multiplie au lieu de se détruire[22].

Une nouvelle fois, l'espoir revient dans le camp royal avec la grande victoire obtenue à la Tour-de-Billot, près d'Alès, le 29 avril 1703 :

Cette action, et la perte qu'ils y ont faite, va achever de les déconcerter, *peut-on lire dans un occasionnel sur la victoire,* et on ne doute pas qu'ils ne soient bientôt réduits. M. de Bâville est arrivé dans les Cévennes auprès de M. le maréchal de Montrevel avec un convoi de toutes sortes de munitions et toutes les choses nécessaires pour pousser les Camisards à bout et les réduire dans la dernière misère[23].

Ce bulletin de victoire a sa part de vérité. Un Camisard de la troupe de Cavalier, qui participa à l'opération, en donne ici confirmation :

Notre troupe demeura après cet échec longtemps fort petite, ce n'est pas que tous ceux qui nous manquaient eussent péri, mais la plupart, découragés par cet événement, se retirèrent dans leurs maisons[24].

On comprend alors le nouvel optimisme de l'Intendant pendant le mois de mai et le début juin. Il écrit à Fléchier, le 21 mai :

Il n'est pas possible que tant de scélérats exécutés qui meurent catholiques ne fassent impression sur les fanatiques de bonne foi[25].

Il s'engage plus encore dans une lettre à un ami en date du 1er juin :

Nos affaires vont toujours assez bien et cette révolte tire à sa fin.

Trois jours après, même affirmation avec peut-être une très légère restriction :

Nos rebelles commencent à être fort déconcertés. Un de leurs chefs est venu se rendre et les autres pourraient avoir envie de faire de même. Il faut pourtant encore un peu de temps pour voir finir cette vilaine affaire, mais elle commence à prendre un bon train[26].

Mais un mois plus tard, Bâville a perdu tout espoir. Nos affaires se tournent de manière à ne pouvoir en espérer si tôt, *dit-il à son frère*[27]. *Avec son réalisme coutumier, l'Intenant avait dû s'apercevoir que le chef en question était tout à fait subalterne, qu'il n'avait pas fait école et que le moment de surprise passé, les Camisards s'étaient retrouvés aussi nombreux qu'avant la défaite. Ils remportèrent d'ailleurs plusieurs succès. Désormais, Bâville allait bien se garder de toute prévision sur la fin du conflit, ayant même parfois tendance à surestimer la force des insurgés.*

UN PAYS À FEU ET À SANG

*Certains catholiques, las de l'impuissance des troupes royales, veulent se défendre eux-mêmes et forment des bandes de partisans nommés Cadets de la Croix, Camisards Blancs, ou Florentins**. *Mais le remède paraît pire que le mal. Ils sont souvent d'origine très modeste ; leur rancœur sociale, vis-à-vis d'une communauté protestante qui a mieux réussi, est étroitement mêlée à la lutte religieuse. Aussi s'attaquent-ils autant aux protestants riches qui ne bougent pas qu'aux Camisards :* Il y en a qui font de grandes volleries, *écrit le Maréchal en mars, et, en novembre :* Ils ont été de sang-froid et sans aucun prétexte d'assemblée faire main basse sur ces malheureux. *Montrevel estime donc* Qu'à moins de les mettre en règle [...] tous ces marauds-là ne sont propres qu'à exciter les gens incertains à une révolte générale plutôt qu'à faire une bonne action[28].

Parfois même, des brigands profitent de la situation, comme le rappelle ce correspondant du père Léonard :

Il se forma à peu près vers ces temps-là [mars 1704] aux environs d'Uzès une bande de voleurs. C'étaient des anciens catholiques qui, sous prétexte de chercher

* Du nom du village de Saint-Florent (à 20 kilomètres au nord d'Alès), l'une des bases principales du recrutement.

les Camisards, commettaient déjà beaucoup de désordres. On en arrêta vingt. On fit à plusieurs leur procès par ordre de l'Intendant, et tous les autres se dissipèrent sans qu'on en ait ensuite entendu parler[29].

Le pays n'avait cependant pas besoin de ces nouveaux « combattants » pour être à feu et à sang. De part et d'autre, les atrocités succèdent aux atrocités ; les vengeances des Camisards sont terribles, mais il faut dire qu'on ne les ménageait pas non plus et que les représailles atteignaient souvent l'ensemble des protestants. Des habitants d'un village du Causse, Fraissinet-de-Fourques, avaient fait subir des vexations aux protestants du voisinage : les Camisards attaquent le village et passent au fil de l'épée femmes et enfants. Ils exterminent de la même façon un village proche de Lunel, Saturargues. Inversement, des protestants pacifiques célébraient un culte aux portes de Nîmes, au Moulin de l'Agau. Montrevel donne l'ordre de les tuer tous. Les habitants de Saumane et de Mialet, trop favorables aux révoltés, sont déportés. A l'automne 1703, on décide de regrouper les populations des Hautes Cévennes dans les bourgs et de brûler toutes les maisons pour priver les Camisards de leurs bases. Un curé, qui n'a pourtant pas eu beaucoup de satisfactions de ses paroissiens forcés, donne à ces derniers des conseils pour moins souffrir de ces mesures. Œcuménisme avant la lettre ou amorce de tolérance ? Interprétation trop moderne ! C'est plus simplement un homme pris de pitié devant les malheurs successifs qui s'abattaient sur sa communauté ; cet exemple d'humanité est assez rare dans cette guerre atroce pour être relevé :

Mes très chers paroissiens,

N'ayant pas voulu profiter des avis que je vous ai souvent donnés, je vous conjure de profiter au moins de celui-ci qui sera apparemment le dernier que je pourrai donner. Le Roi ne voulant plus vous laisser habiter un pays où l'on a commis tant de crimes et ne restant que notre paroisse à brûler, vous devez travailler incessamment à tirer et à porter tout ce que vous avez dans vos mains et les découvrir de telle sorte qu'il ne reste que les murailles, ôtant même les chevrons et les poutres. Détruisez aussi vos moulins et vos fours sans attendre que les troupes le fassent. Si le Roi vous permet de rentrer dans vos biens, vous rétablirez bien plus facilement vos maisons ayant tous les matériaux et ferrements des portes et fenêtres au lieu que le feu ne laisse rien où il passe. Si vous faites diligence, vous pourrez conduire le peu que vous avez pour vous en servir dans la suite. Je ne prétends pas m'enrichir de vos dépouilles. Soyez-en bien persuadés. Je vous exhorte de tout mon cœur de n'entreprendre pas de vous réfugier dans les maisons conservées, ni dans les cavernes, on vous y trouverait infailliblement, c'est l'ordre du Roi : mais faites en sorte de vous établir en quelque lieu où vous puissiez vivre ou obéissez en vous rendant dans les lieux que M. l'Intendant vous nommera ; l'on vous y donnera de quoi y subsister à votre aise. Je serai toujours disposé à vous rendre tous les services qui dépendent de moi et conserverai pour vous des entrailles de père ; je déplore votre malheur, mes très chers enfants, et suis de tout mon cœur votre humble serviteur.

Le 1er oct. 1703[30].

Ces mesures radicales ne paraissent pas avoir beaucoup de résultat. Bâville d'ailleurs, dans une lettre du 19 octobre adressée à son frère, en a conscience : Je redoute la fatalité de cette affaire que tout contribue à rendre mauvaise. *Et il doit lui avouer :* Les postes ne sont plus sûres, il ne faut rien écrire qui puisse être de conséquence[31]

Le comble est atteint lorsqu'en mars 1704, Cavalier bat en rase campagne au Devois de Martignargues, près d'Alès, l'un des meilleurs régiments du Languedoc. Montrevel en fait un récit consterné à Bâville :

Vous ne serez pas moins surpris que touché quand vous apprendrez qu'à la première décharge de Cavalier, tout ce détachement étant épouvanté, il a été taillé en pièces et plus de trois cents soldats avec les officiers tués et désarmés sans vouloir tirer un coup en sorte qu'on les a tous égorgés comme des moutons et presque tous tués à coup de fourches par-derrière[32].

La surprise, voilà le maître mot pour caractériser cette guerre, incompréhensible pour les autorités françaises ou alliées et, par-delà, pour les notables catholiques ou protestants. Comment des soldats réguliers pouvaient être tués à coups de fourche ? Alors pour apprivoiser la réalité ou la réduire à des modèles connus, on entretient ou on crée des légendes.

LA LÉGENDE : LE CONSISTOIRE SECRET

La fabrique des prophètes de Brueys est d'abord largement utilisée bien qu'en principe, elle ne puisse rendre compte que des accès de prophétisme en Dauphiné et en Vivarais, quinze ans auparavant. Mais on établit une continuité entre les deux périodes : les chroniqueurs catholiques y font allusion explicitement, Louvreleul comme La Baume. Fléchier en parle dans deux lettres pastorales, en mars et en octobre, les référenes étant plus précises dans la dernière :

Ils apprirent à leurs enfants l'art de trembler et de prédire des choses vaines. Il se forma dans leurs assemblées des conspirations et des complots d'iniquités au milieu même de leurs prières [33].

Cependant cette première légende va être renforcée par une autre création, le Consistoire secret, *ce qui permet de faire intervenir les notables et rend moins humiliantes les défaites. Montrevel est le premier artisan de cette légende d'après La Baume qui, lui-même, y croit fermement :*

Ce général était persuadé qu'il ne fallait pas regarder la révolte des fanatiques comme une émeute et un mouvement de quelques esprits mutins et séditieux, mais comme un complot et une conspiration générale de la plus grande partie des nouveaux convertis. Il avait pénétré qu'ils étaient presque tous entêtés de l'espérance de voir rétablir l'exercice de la religion calviniste et ne doutait point que le Consistoire secret ne fît agir cette machine d'iniquité [34].

De fait, ayant reçu un jour un mémoire de plaintes des protestants, le maréchal l'attribua à la cabale du Consistoire qui apparemment a été consulté *et il en conclut :*

Ce qu'il y a de plus considérable dans ce fait est qu'il vous confirme ce que je vous ai souvent écrit que ce n'est point ici une révolte de quatre à cinq mille coquins ; mais un dessein déterminé de tous les Religionnaires de profiter du temps et de la conjoncture présente pour parvenir au rétablissement de leurs temples. De là, vient qu'on a beau en tuer, en pendre et en rouer, la cabale soutient toujours ceux qui restent en grand nombre dans l'exécution de ses projets, et cette canaille qui s'est dévouée aux crimes trouve à subsister par ce moyen et par cette vie libertine, la continue en attendant des événements qui nous soient contraires [35].

Plus tard, lorsque Cavalier se décide à négocier, La Baume en attribue la décision au même organisme :

Quoique la défaite du bataillon de la Jonquière eût rendu les Camisards fort insolents, qui croyant que rien ne pouvait leur résister, ne voulaient point entendre parler d'amnistie, à moins qu'on leur accordât des temples ; néanmoins, le Consistoire secret qui soutenait la révolte par ses conseils et par son argent, qui en prévoyait les suites et les inconvénients, se détermina à la faire finir ou pour parler plus juste d'en suspendre les effets pour un temps. Trois motifs principaux le déterminèrent à prendre ce parti. Le premier, parce que le secours étranger sur lequel on avait compté ne venait point ; le second, parce que la récolte de l'année 1703 avait été si mauvaise que les paysans étaient hors d'état de continuer à fournir des vivres aux rebelles ; le dernier motif, qui était le plus pressant, fut le soulèvement des anciens catholiques qui prenaient partout les armes et qui exposaient leurs vies et leurs biens dans les endroits où ils n'étaient pas les plus forts. Ce projet étant formé, ils députèrent M. le baron d'Aygaliers qui y alla, en apparence, de son propre chef[36].

L'APPUI ÉTRANGER

Ce thème s'articule logiquement avec celui de l'intervention étrangère, plus répandu encore. Bâville, beaucoup plus prudent dans ses affirmations, est longtemps persuadé de ce rôle. En décembre 1702, il en signale la possibilité :

Qui peut répondre que l'on ne jettera pas parmi eux des officiers religionnaires ? Leurs dispositions paraissent trop mauvaises pour ne pas croire que les ennemis ne pensent pas à en profiter. Il est certain déjà que ces révoltés ont tout l'argent qu'ils veulent[37].

En mars 1703, l'hypothèse est devenue une certitude et la possibilité d'un Consistoire secret de notables est même implicitement envisagée :

La noblesse ne paraît pas déclarée ; mais il n'y a pas un gentilhomme Nouveau Converti qui donne le moindre avis ; ils sont retirés dans les villes, n'ont de commerce qu'entre eux et paraissent tous attendre quelque grand événement. La révolte n'est pas encore dans le Vivarais ni dans le Haut-Languedoc ; mais je sais que ces cantons sont fort ébranlés et n'attendent qu'une occasion pour se déterminer. Je ne sais même si leur politique n'a pas été d'attendre afin de ne pas porter le Roi dans l'hiver à faire de plus grands efforts et proportionnés à une révolte générale, croyant les secours plus difficiles quand les armées seront en présence. Il est bien à craindre que vers le mois de mai, il n'y ait un soulèvement général qui gagnera peut-être les autres provinces. C'est dans ce temps qu'ils espèrent avoir des secours d'officiers et d'armes. Pour des hommes, ils en auront tant qu'ils voudront. Ce n'est pas assurément un feu qui vienne de la légèreté des esprits du pays ; ce projet a des profondes racines dans les pays étrangers et est très bien concerté. Ces gens-là n'ont pensé qu'à gagner l'hiver, en exerçant le peu de troupes qu'il y a eu dans cette Province, par de petits combats dont le succès n'a rien décidé[38].

A son habitude, Montrevel surenchérit, donnant force détails qui finissent par transformer une analyse qui méritait attention en véritable roman :

Cette affaire est conduite et soutenue par les pays étrangers dont ils reçoivent des secours et des instructions fréquentes : un Anglais obligé d'être chez eux me rapporta qu'il y a 64 capitaines, tant anglais que français, réfugiés, qui sont entrés dans la province depuis peu, que leur ordre n'est pas de se joindre aux attroupements qui se font jusqu'à ce qu'on fasse le soulèvement général qu'ils comptent de faire au printemps prochain, pendant que les Anglais feront une descente considérable sur ces côtes ici, avec un corps de troupes anglaises et tous les réfugiés français qui seront en état de porter les armes. Plusieurs m'ont fort bien expliqué qu'ils n'avaient ordre que de nous amuser par de petits attroupements de temps en temps pendant l'hiver, de peur que le Roi ne regardât cela comme une affaire sérieuse; mais qu'il fallait se montrer dans tous les endroits des Nouveaux Convertis pour tenir les esprits dans la disposition d'agir quand il en sera temps; que mon arrivée leur a fait croire qu'on pensait plus sérieusement à les dissiper qu'ils ne s'y étaient attendus et que cela était cause qu'ils avaient augmenté leurs soulèvements et qu'ils faisaient commettre les meurtres exécrables qu'ils font pour détruire et épouvanter les anciens Catholiques et pour engager davantage leurs frères[39].

Encouragées en si haut lieu, toutes les légendes peuvent alors se donner libre cours. Un espion du Maréchal, qui s'est fait passer pour Camisard et a vu leur camp déclare que dans cet endroit il y a des fontaines [...] des moulins à bras et des fours; il assure que 10 000 hommes ne sauraient forcer leur camp. Ils sont commandés par un Anglais fort bien fait et richement vêtu[40].

Le thème le plus fécond est celui de l'or étranger ; ainsi la Gazette de Bruxelles annonce le 23 mars 1703 :

On a pris un gentilhomme protestant qui portait 80 000 livres de lettres de change de Hollande pour les Camisards[41].

et celle de Leyde affirme à propos de la fausse mort de Roland à la bataille de Pompignan :

On lui a trouvé entre le corps et la camisole une grande médaille d'or pendue avec une chaîne d'argent et 400 louis d'or dans les poches avec des lettres de change[42].

Mais l'invention la plus curieuse est celle de la médaille des Camisards. On découvre un jour deux ou trois monnaies d'origine suédoise : voilà la monnaie dont les révoltés se servent pour payer leurs soldats ! Pour Dangeau, ce sont les fanatiques eux-mêmes qui ont eu l'insolence de faire frapper des médailles[43]. *Ce privilège des Camisards, qui battraient monnaie comme de véritables souverains, en dit long sur l'image qu'ils suscitaient à la Cour. Chez le chroniqueur Louvreleuil, elle devient une preuve supplémentaire de la complicité étrangère et de la cruauté calviniste :*

Il parut une médaille frappée en Hollande, qu'on avait déjà vue dans plusieurs provinces du Royaume. Elle avait d'un côté un écu couronné, dans lequel on avait représenté un dragon renversé et percé d'une flèche ; et on avait gravé au-dessus ces trois lettres en chef C.R.S. qui signifient Christiani Romanos Sacrificate : Chrétiens, sacrifiez les catholiques romains. De l'autre, il y avait deux piques passées en sautoir et attachées ensemble avec ces six lettres. J.O.U.R.S.M., c'est-à-dire Juvenes, Offerte Vere Religioni Sacrificium Magnum : Jeunesse offrez à la Vraie Religion un grand sacrifice, animant vos frères à combattre pour elle[44].

Ce qui permet aussi à Brueys de s'indigner :

Il ne fut pas possible de savoir où cette médaille avait été frappée : on crut que c'était en Hollande ; et par là l'on voit que dans les pays étrangers on ne négligeait rien pour entretenir et exciter même la fureur de ces enragés, comme si les excès horribles qu'ils commettaient n'avaient pas suffi et qu'ils eussent eu besoin d'être exhortés à mal faire[45].

LA PRUDENCE DES ALLIÉS

Soyons justes, cependant : si ces dernières imaginations ne valent pas une longue réfutation, le point de départ mérite une analyse plus approfondie. L'hypothèse d'une intervention étrangère, en pleine guerre de Succession d'Espagne, n'était pas absurde : il suffit de rappeler les relations entre prédicants et Alliés pendant la guerre de la Ligue d'Augsbourg. Ajoutons que très tôt, une partie du Refuge, assez bien représentée par les rédacteurs des Gazettes, poussait les Alliés à aider les Camisards. Ce groupe qu'on appelait les « zélateurs » *publia dans ce but plusieurs brochures en diverses langues aux titres significatifs :*

Les raisons véritables des habitants des Cévennes sur leur prise d'armes ; La nécessité de donner un prompt et puissant secours aux protestants des Cévennes où l'on fait voir la justice, la gloire, l'avantage de cette entreprise et les moyens d'y réussir... ; Les Cévenols secourus ou l'Europe esclave.

En juin 1703, un réfugié du Vigan, David Flotard, est envoyé en France pour une mission d'information, comme l'indique Élie Marion :

Vers la fin août, étant avec le frère Rolland, il me dit que depuis quelques jours un homme, M. Flotard, était venu de la part de la Reine d'Angleterre, et de messieurs les Estats d'Hollande s'informer de notre état, nous promettant de leur part tout le secours possible soit par mer ou par terre; que M. le marquis de Miremont * sollicitait pour nous, lequel était prêt à répandre son sang pour notre délivrance ; que Cavalier et lui avaient donné plein pouvoir à M. Flotard d'agir au nom de nous tous auprès des Puissances protestantes et que nous reconnaissions M. le marquis de Miremont pour notre Général, etc. ; cette commission fut signée par nous ayant été écrite avec du lait de femme ; et que ledit député ayant vu les deux troupes, convenu et réglé les moyens pour correspondre ensemble, il partit quelques jours après pour les pays étrangers. Il me dit de plus que le sieur Flotard leur avait dit que la flotte anglaise et hollandaise viendraient dans le golfe du Lion, qu'on ferait tels et tels signaux, que si nous étions en état de descendre sur la côte on nous communiquerait des armes, munitions, etc. Mais les ennemis avaient déjà pris les mesures nécessaires pour nous empêcher de descendre. Environ trois mois après, deux vaisseux seulement vinrent devant le port de Sète et firent des signaux comme Flotard avait dit [46].

* Réfugié en Angleterre, ce noble de la famille des Bourbon-Malauze suggérait depuis 1688 des projets d'invasion de la France en rapport avec une insurrection des protestants méridionaux.

En septembre, deux émissaires des Etats de Hollande sont arrêtés à Beaucaire : ils avaient le même rôle que Flotard, voir qui étaient les Cévenols et ce que l'on pouvait en faire. Bâville résume leurs interrogatoires pour le ministre de la Guerre :

Monsieur, j'ai interrogé les nommés Jonquet et Peytaud dont j'ai eu l'honneur de vous écrire par le dernier ordinaire. Ils m'ont avoué la même chose qu'ils ont dite au sieur Dumolard et qu'il m'a écrit dans sa lettre dont je vous ai envoyé la copie. On connaît assez clairement par ce qui est arrivé que les Hollandais ont voulu savoir précisément ce que c'était que la révolte des Cévennes. Ils ont envoyé dans cette Province huit officiers des troupes des Religionnaires et un ministre appelé Olivier d'Anduze. Le sieur de Wanderuisen, député de la province de Hollande, après les avoir exhortés à bien s'acquitter de leur commission, les a adressés au nommé Clinière, directeur des postes de Hollande, qui leur a donné de l'argent et leur a lu une instruction qu'il a remise entre les mains du nommé Vilette, l'un d'entre eux qui est demeuré à Genève.

Cette instruction portait plusieurs articles :

1° Qu'ils eussent à s'informer de l'état présent de la révolte des Cévennes et des forces des rebelles ;

2° De leur offrir de la part des Hollandais et des Anglais, poudre, armes, munitions et argent ;

3° D'examiner si les rebelles pourraient favoriser une descente sur les côtes de Languedoc ;

4° D'exciter le Vivarais et le Dauphiné ensuite à se révolter, aussi bien que les autres Provinces ;

5° De dire aux rebelles de ne plus brûler les églises, tuer les prêtres ni les anciens Catholiques, mais de prétexter leur révolte sur la liberté de conscience, le rétablissement des temples et principalement sur la décharge des impositions ;

6° De ne recevoir aucune amnistie quand on voudrait leur en donner[47].

Les deux sources différentes se corroborent : si les Alliés s'intéressent à l'affaire, ils restent prudents puisqu'ils multiplient les missions d'information et que leurs envoyés sont surtout porteurs de bonnes paroles plutôt que d'avantages réels.

Lorsque les « Puissances » sentent les Camisards faiblir et prêts à se rendre au printemps 1704, elles multiplient les promesses et, paradoxalement, elles vont commencer à aider les insurgés au moment où ceux-ci se rendent. Marion, non sans amertume, a noté le fait :

Sur ces entrefaites [pendant les négociations de Villars avec les Camisards en juin 1704] M. Flotard nous écrivit de la Suisse de la part de la Reine d'Angleterre et de messieurs les États de Hollande de tenir ferme, qu'on nous préparait un secours considérable, à la tête duquel serait M. le marquis de Miremont. Quoique nous n'eussions encore aucun effet des promesses qui nous avaient été faites de la part des Hauts Alliés, nous ne pouvions néanmoins nous empêcher de croire qu'enfin ce secours ne vînt ou du moins qu'ils ne fissent quelques entreprises en notre faveur, vu les lettres sur lettres qui nous en assuraient. On nous avait aussi promis de grands secours d'argent, mais nous n'en reçûmes pas non plus, si ce n'est vers la fin lorsque tout était en décadence que le sieur Flotard envoya en diverses fois par lettre de change quelque cent pistoles qui ne produisirent aucun fruit. Un tel procédé de la part des puissances protestantes sur quoi nous faisions tant de fond nous affligeait extrêmement, et de plus, voyant les Alliés en général desquels notre guerre avait fait et faisait alors une diversion de vingt à trente mille hommes et qui pouvait aisément devenir très fatale à l'ennemi, comment être si aveuglés que de n'en pas tirer tous les avantages qu'ils pouvaient sûrement se promettre ? Voyant donc que nos longues sollicitations étaient inutiles, nous perdîmes enfin toute espérance du côté du monde[48].

Un fait est donc certain : les Alliés n'ont pas de responsabilité dans le déclenchement de la révolte, ni dans son développement. Leur intervention tardive n'a aucune efficacité. Bâville finit par le reconnaître :

Il est très vrai que les chefs ne sont que de misérables paysans. On croyait d'abord qu'il y avait des étrangers ; il a été vérifié qu'il n'y en a pas[49].

Cette croyance a pu d'ailleurs s'expliquer par les ruses que décrit Cavalier :

Nous fîmes usage [...] de quelques stratagèmes, nous déguisant, portant des moustaches, faisant grand bruit en entrant dans les maisons, parlant un baragouin que nous ne comprenions pas nous-mêmes, qui, nous empêchant d'être reconnus, nous faisait prendre pour des étrangers [...] De là cette croyance qui se répandit alors qu'il y avait dans notre troupe un grand nombre d'étrangers, des Anglais, des Hollandais, des Allemands[50].

UNE GUERRE INCONCEVABLE

La passivité des Alliés pose évidemment un problème : la diversion aurait été en effet dangereuse pour le Roi. Cependant, la multiplication des missions d'information en donne la raison : comme les Français, les Alliés ne comprenaient rien à cette guerre et pendant longtemps, ils n'imaginèrent pas que des prophètes-paysans puissent sérieusement faire échec aux troupes royales. Les partisans des Camisards dans le Refuge étaient si conscients de ce handicap qu'à leur tour ils se firent le véhicule de plusieurs légendes présentant les révoltés comme des troupes régulières, avec une hiérarchie militaire et une stricte discipline. L'une d'entre elles faisait du peigneur de laine Roland un gentilhomme, ancien officier :

Le bruit s'était répandu en Angleterre qu'il avait le titre de comte ; qu'il avait été lieutenant-colonel d'infanterie ou capitaine de cavalerie au service de la France : on y disait aussi qu'il était né catholique romain, mais qu'ayant pitié des protestants que la fureur de la persécution forçait de sortir du royaume, il lui était échappé de dire qu'ils pourraient bien y rentrer un jour l'épée à la main ; parole hardie, qui devait lui avoir coûté cher et l'avait fait mettre à la Bastille ; d'où l'on disait qu'il n'était sorti qu'à la paix de Ryswick : on ajoutait que de là il était passé en Hollande, y avait abjuré les erreurs qu'il avait sucées avec le lait et qu'ensuite il était retourné dans les Cévennes, et s'était mis à la tête d'un parti de Mécontents[51].

Tout devenait alors plus clair et la révolte s'assimilait aux anciennes guerres de religion où les armées protestantes étaient commandées par des nobles.

Il ne faut pas oublier non plus l'existence à l'intérieur du Refuge d'un fort parti hostile aux Camisards. Quelques mois après le début des troubles, paraissait une Lettre pastorale aux fidèles des Sevennes *qui désapprouvait clairement l'insurrection :*

Nous venons d'apprendre avec douleur, et c'est un bruit public et certain qu'il y a parmi vous des Meurtriers et des Incendiaires; mais tels qu'on n'entend point dire qu'il s'en trouve de semblables parmi les idolâtres et les infidèles [...] que vous souffrez parmi vous des troupes de furieux qui osent se vanter d'être inspirés du Saint-Esprit et de professer notre Sainte religion et qui cependant courent toutes les nuits le fer, le feu à la main pour se venger eux-mêmes[52].

Tout en signalant la rigueur de la persécution, l'auteur anonyme reprenait l'enseignement traditionnel des pasteurs d'avant la Révocation :

Ils [les ministres] ne vous ont jamais dit que dans de semblables occasions, il vous fût permis de prendre les armes, d'opposer la force à la force et de vous soulever contre les puissances que Dieu a établies sur vous[53].

Et il concluait en recommandant aux protestants d'éviter les assemblées publiques et de se contenter des cultes de famille. Cette position se situe dans la suite de celles que nous avons déjà évoquées à propos des prédicants et du prophétisme : le refus permanent de toute action publique et illégale.

Outre le prophétisme et la désobéissance au Roi, l'origine modeste des Camisards est pour beaucoup une raison de méfiance. Voilà comment une Nîmoise, réfugiée en Hollande, Mme du Noyer, présente Cavalier :

Sa mère l'avait mené dès son enfance aux Assemblées qu'un nommé M. Brousson faisait dans les bois. Il avait retenu quelques fragments de ses sermons qu'il débitait avec hardiesse comme étant de sa composition; il avait de la mémoire; les Peuples toujours disposés à donner dans le merveilleux et étant prévenus en sa faveur, le trouvaient le plus éloquent du monde. Ainsi affamés de ce qu'ils appelaient le pain de la parole, ils la recevaient de la bouche de notre mitron et l'écoutaient comme un oracle, tant il est vrai qu'au pays des aveugles les borgnes sont rois[54].

Même ceux qui aidèrent le plus les Camisards comme le marquis d'Arzeliers, agent de l'Angleterre à Genève, ne comprennent pas leur réussite quand ils voient leur peu de mine :

Je les ai vus tous excepté Cavalier. Ce sont des gens sans lettres, sans expérience, de peu de mine pour la plupart, de sorte que j'ai de la peine à concevoir comment ils ont pu résister et se maintenir si longtemps[55].

Le « mystère », en réalité, s'éclaircit facilement lorsqu'on pénètre dans le camp camisard, qu'on écoute les combattants et qu'on examine leur pays et la manière dont ils ont su l'utiliser.

4

Une guérilla d'inspirés

Dernière guerre de religion, la révolte des Camisards n'en a aucun des caractères habituels. Elle diffère des autres conflits des XVI*e et* XVII*e siècles par sa sociologie, son climat et ses méthodes de lutte.*

Dans cet attroupement, il n'y avait que de misérables paysans, *note le commandant des troupes du Gévaudan*[1]. *Les textes cités précédemment, où figurent des indications sur l'origine sociale des combattants, confirment ce jugement, de même que les listes de Camisards fournies par Marion dans son Mémoire ; parmi ceux dont il indique l'activité, 42 % sont des paysans et 58 % des artisans ; près des 3/4 des artisans travaillent la laine : cardeurs, peigneurs et tisserands, voilà les métiers les plus fréquents. Sociologie de la résistance publique que nous connaissons déjà.*

LE BARON GALÉRIEN

Moins d'une dizaine de nobles sont compromis dans l'insurrection ; et pour la plupart, ils sont beaucoup plus victimes des méfiances de l'autorité qu'acteurs véritables. Le cas le plus typique et le plus connu à cet égard est celui du baron de Salgas.

C'est un homme considérable dans le pays qui a 7 à 8 000 livres de rentes [...] le plus accrédité des Cévennes, *écrivait Bâville*[2]. *Sa femme, qui n'a pu supporter le double jeu, s'est exilée en 1702. Lui-même s'en est accommodé, donnant aux autorités le minimum de gages pour être tranquille, tout en conservant ses convictions réformées. Il vivait avec son dernier fils dans son château près de Vébron, ses autres enfants lui ayant été enlevés tant on doutait de son catholicisme. Les fils étaient au collège et les filles dans un couvent. Le fragile équilibre qu'il avait réussi à établir entre sa foi et la sauvegarde de sa position sociale, est rompu un jour de février 1703 :*

Le onzième de février de l'année 1703 qui était un dimanche, j'étais à ma chambre à lire ; j'entendis sur les deux heures après midi un tambour dans ma cour. Je me mis à la fenêtre et vis le nommé Castanet à cheval avec quatre-vingts hommes, tous armés de fusils, épées et pistolets. Je leur demandai ce qu'ils voulaient : ledit Castanet me répondit que je ne me contentais pas de n'aller point à leurs assemblées, que j'empêchais mes domestiques d'y aller, et qu'il fallait que j'y allasse, ou qu'ils allaient sur l'heure me brûler. Je leur dis que je priais Dieu dans cette heure, que ce qu'ils voulaient de moi était contre les ordres du Roi et que cela causerait des grosses affaires. Il me répondit qu'en servant Dieu on ne risquait jamais rien, et là-dessus ses soldats prirent de gros tisons, rompirent ma première porte, et la seconde qui est de fer, ils l'avaient presque sortie de ses gonds. Je leur demandai s'il y avait sûreté pour moi et pour un petit enfant que j'y avais, que je voulais me faire tuer dans les formes. Ils me répondirent que si je faisais ouvrir, je n'avais rien à craindre, mais qu'autrement ils ne me répondaient de rien. Je pris le parti de leur faire ouvrir, et ils tinrent parole, car ils ne me prirent pas une arme, ayant deux fusils dans ma cuisine; mais ils m'emmenèrent, ayant quarante homme devant et quarante derrière, et quand nous fûmes à la porte de l'église, il fit entrer quinze fusiliers devant moi et quinze derrière dont je fus environné pendant toute l'action; après quoi j'étais libre de m'en aller si j'avais voulu; mais je restais deux heures volontairement, voyant que puisque j'étais forcé à faire ce pas, il fallait prendre des précautions pour que ma maison ne fût pas brûlée, car la semaine de devant ils avaient brûlé cinq ou six châteaux dans le voisinage, et c'est ce qui a fait tout mon crime, mon jugement ayant roulé uniquement sur ce seul article, et M. de Bâville et les autres juges ayant jugé que puisque j'avais été deux heures volontairement, je voulais par là autoriser l'assemblée et faire sentir au peuple qu'ils pouvaient y aller. Dès que je fus de retour chez moi, je dépêchai un exprès à M. de Bâville et lui fis un détail circonstancié de toute la force que l'on m'avait faite. Il me répondit fort honnêtement que je devais avoir mis garde à ma maison et qu'à l'avenir je fusse plus avisé[3].

Drame de cette noblesse qui a refusé de choisir. Elle mécontente le peuple protestant qui espérait la voir à sa tête comme au temps de Rohan; elle n'inspire pas confiance aux autorités qui l'imaginent précisément en train de diriger secrètement les révoltés. Trois mois après, Salgas est arrêté : outre les deux heures restées avec Castanet, on lui reproche un fait autrement grave, être l'instigateur du massacre des catholiques de Fraissinet-de-Fourques, parce que les Camisards s'étaient fait ouvrir par la force un de ses châteaux avant de se rendre sur le Causse. Mais par-delà ces griefs, le baron est victime du mythe du Consistoire secret. Peu après cette arrestation, Bâville signale en effet à Fléchier :

Je suis occupé ici à une affaire importante. Dieu veuille qu'elle me fasse découvrir la main invisible qui conduit tous nos malheurs[4].

Et une ursuline du couvent de Nîmes rapporte à la même époque :

Nous ne savons pas encore de quoi il est accusé, apparemment il a donné le mouvement aux révoltés. On le regarde déjà comme le roi des Camisards[5].

A partir de là, les bruits les plus fantaisistes se propagent, mais toujours en liaison avec d'autres fausses nouvelles diffusées par les occasionnels :

M. de Salgas a été transféré du fort de Saint-Hippolyte dans celui d'Alès ; on a très bien fortifié sa prison et redoublé ses gardes ; personne ne le voit et ne lui donne à manger que M. le Gouverneur lui-même ; il est furieusement chargé ; on ne doute plus qu'il ne soit l'auteur de l'assassinat de M. l'abbé du Chaila et de la maison de Ladevèze ; on dit encore, mais cela demande confirmation, qu'il y a des témoins pour le convaincre qu'il a fait fondre 50 calices ; il gardait Roland dans son château lorsqu'on le crut mort, étant assez fort blessé * ; il le faisait traiter, et tandis qu'il était bien soigné chez lui, il s'en allait lui-même aux Camisards dans des bois impraticables sous prétexte de chasser, et là, il donnait des ordres en l'absence de Roland. Après cela, il venait faire sa cour à M. le Maréchal que nous attendons tous les jours[6].

Finalement, le baron fut condamné aux galères à perpétuité, parce qu'il n'avait rien avoué (et pour cause !)

* Voir *supra*, p. 122.

et qu'on n'arriva pas à prouver sa culpabilité comme chef de la révolte. Montrevel, qui n'avait pas besoin de preuves pour être persuadé du rôle de Salgas, était d'avis de lui faire couper le col, *mais, poursuit Bâville :* Je lui ai fait comprendre que les jugements ont des règles qu'il faut suivre [7]. *Le gentilhomme entré aux galères à 57 ans, n'en sortit qu'à 70, en 1716 ; il rejoignit sa femme à Genève où il mourut huit mois après.*

Les bourgeois sont plus prudents encore. Aucun, jusqu'à la reddition de Cavalier, n'est réellement compromis dans l'insurrection et on n'a pas de preuves précises qu'ils aient financé la guerre en dehors d'affirmations de gazettes à la main. La première fois où ils apparaissent dans le conflit, à l'été 1704, c'est pour convaincre les Camisards de se rendre.

UN CAMISARD MOYEN

Mais populaire ici n'est pas synonyme de « va-nu-pieds », sans ressources ni bien. Les Camisards ne représentent pas un prolétariat rural de brassiers, ni la fraction la plus misérable du monde rural. Les propriétaires moyens, parfois même jouissant d'une certaine aisance, ne sont pas rares. Le combattant type est assez bien représenté par Bonbonnoux, qui prend soin d'affirmer qu'il n'a pas rejoint les Camisards, poussé par la misère. Les mobiles qui l'animent prouvent, s'il en était besoin, la continuité avec la période précédente :

Je suis né à Bragassargues, dans le diocèse de Nîmes en Languedoc. Je suis le fils de Jacques Bonbonnoux, dudit lieu, et de Anne Durand, du lieu de Fressac, dans le diocèse d'Alais. On me fit apprendre, dès ma tendre jeunesse, le métier de facturier en laine ; pour cela, je fus mis en apprentissage chez M. Martin, de Canaules. Dans ce temps-là, on était fort exact à faire assister la jeunesse réformée à la doctrine et à la messe. Un jour que mon maître m'avait envoyé chez le prêtre du lieu pour y cribler du blé, je pris occasion de prier le prêtre de me dispenser d'assister à la messe et de venir à la doctrine. Je lui alléguai pour raison que, presque tous les samedis, j'étais obligé d'aller chez moi, ou pour y chercher de l'estame ou pour y changer du linge. Mais le prêtre m'ayant demandé si, lorsque j'étais à mon pays, j'allais à la messe, je lui répondis que oui ; en quoi, je faisais un péché pour en éviter un autre, car je disais un mensonge, ayant en abomination la messe. Et cela est si vrai, que je fus condamné moi seul, à payer la moitié de la taxe qu'on avait imposée à notre communauté pour la garde d'Orange, seulement parce que je n'allais point à la messe.

Je dois dire cependant que, quelque horreur que j'eusse pour la messe, on n'en doit pas attribuer la cause aux grandes connaissances que j'eusse de la religion, car j'ai atteint l'âge de trente-six années ou plus, avant que de connaître seulement la première lettre de l'alphabet.

Mais quelque horreur que j'eusse pour la messe, hélas ! j'eus le malheur de me précipiter dans le péché ! je veux dire d'aller à la messe pour accomplir mon mariage. Que mon crime est grand ! Ô Dieu, tu le sais. Pardonne-le-moi, et tous les autres que j'ai eu le malheur de commettre.

Ayant perdu, avant la fin de la première année de mon mariage, une épouse que j'aimais avec tendresse, je fus dans une affliction extrême. Les réflexions que je faisais continuellement sur le péché que j'avais eu le malheur de commettre en me prosternant devant ce Dieu de pâte qu'adore le catholique, augmentaient infiniment ma peine, je ne pouvais ni travailler, ni manger, ni dormir. Mon crime m'effrayait continuellement ; je me disais sans cesse que mon épouse et moi nous l'avions commis contre nos propres lumières.

Je me représentais surtout mon épouse extrêmement coupable. Elle avait fréquenté les saintes assemblées. Elle avait été faite prisonnière dans une de ces assemblées convoquées aux environs d'Anduze ; elle avait soutenu avec fermeté sa prison dans la fameuse tour de Constance, où elle avait été enfermée. Elle s'était tenue cachée chez ses parents, après être sortie de sa prison pour ne point aller à la messe. Plus elle me paraissait courageuse dans tout cela, et plus je la trouvais criminelle d'avoir succombé à la tentation avec moi d'aller à la messe pour accomplir notre mariage.

Je me représentais enfin la fermeté de ma propre mère qui avait soutenu courageusement la prison pour avoir fréquenté les saintes assemblées, et me reprochant de n'avoir pas suivi un exemple qui était si digne de nous servir de modèle, j'en étais si abattu et si accablé que je n'ai point de larmes pour vous le représenter.

Cette grande affliction produisit un heureux effet chez moi. Elle me détacha d'une manière particulière du monde, et m'inspira le pieux dessein de servir Dieu dans les assemblées de ses fidèles, quoi qu'il pût m'en arriver.

Dans ce dessein, je me rendis dans une de ces assemblées qu'on avait convoquées près de Canaules, dans une église de catholiques que les Camisards avaient déjà brûlée. Je fus fort édifié de la prédication qu'un jeune homme, âgé d'environ trente années, nommé Coutelle (il était de Saint-Dionizi en Vaunage) nous fit, et quoiqu'il eût une fausse alarme que les ennemis venaient fondre sur nous, je ne renonçais point au dessein que j'avais formé de continuer d'assister aux saintes assemblées.

Environ trois semaines après, je résolus d'aller joindre une troupe des Camisards qu'il y avait dans les Cévennes, et d'examiner par moi-même leur conduite et, si j'en étais édifié, de demeurer avec eux, ou, s'il en était autrement, de m'en retourner chez moi. Je ne communiquais cette résolution à personne, afin que si, pour la raison que je viens de dire, j'étais obligé de m'en retourner chez moi, je pusse le faire sans danger.

Mais, comme la conduite des Camisards a été fort blâmée, et qu'on a accusé le plus grand nombre de ne s'être jeté parmi eux que pour des mauvaises affaires, il est important pour moi que je vous déclare ici, devant Dieu, que je ne pris ce parti que pour des raisons qui, selon moi, intéressaient également et la gloire de Dieu et mon salut. Je n'avais point de mauvaises affaires. J'étais aimé et chéri parmi mes compatriotes. Si j'avais contracté quelques dettes, qui étaient en général peu de chose, je les acquittai toutes avant de partir. Je rendis la dot que j'avais tirée de mon épouse ; et, après avoir tout acquitté, j'abandonnai encore sept louis d'or en pièces, avec quelque argent monnayé, entre les mains d'un de mes parents dont je n'ai jamais reçu la valeur ; j'abandonnai meubles, linges et autres choses qu'il faut dans un petit ménage ; j'abandonnai les laines et estames que j'avais encore dans ma petite boutique ; j'abandonnai enfin des novales * que j'avais défrichées et semées, qui valaient plus de deux cent cinquante livres, et que j'avais tout gagné à la sueur de mon visage, n'ayant encore rien eu de l'héritage de mes parents. Je puis vous protester même ici, monsieur, en toute vérité, que je renonçai à tout avec la même disposition que si je ne l'avais jamais possédé. Ce n'est donc ni par dépit, ni par fainéantise, ni pour de mauvaises affaires que je pris

* Terres qui viennent d'être défrichées.

parti parmi les Camisards, mais uniquement dans la vue de glorifier Dieu et de travailler à mon salut[8].

UNE RÉVOLTE SANS MOTIF FISCAL

Mais les motivations qui animent ce Camisard sont-elles les seules représentatives ? En effet, insurrection populaire paysanne et révolte antifiscale sont la plupart du temps synonymes, au point que les contemporains n'imaginent pas d'autres modèles possibles de soulèvement rural. Ainsi, lorsque l'affaire des Cévennes n'est pas assimilée à une guerre de religion classique dirigée par la noblesse, la presse du temps en fait une nouvelle révolte de croquants, allant même jusqu'à joindre des catholiques aux insurgés :

Cependant, il s'est formé dans les Cévennes un parti de rebelles que l'on aura peut-être de la peine à dissiper. Il est composé de gens de l'une et l'autre religion qui n'ayant pas pu payer la capitation ont pris les armes contre les exacteurs et se sont ensuite retirés dans les montagnes pour s'y défendre[9].

Un autre gazetier conserve ce modèle mais en le limitant aux protestants :

Les premiers troubles s'élevèrent sur ce que les curés des paroisses, en suite des ordres du sieur de Bâville Intendant ayant donné la liste des paroissiens et l'état de leurs facultés, on dressa les rôles de la capitation sur ces mémoires qui donnèrent occasion à plusieurs de murmurer, prétendant que ces ecclésiastiques n'avaient pas observé les règles de la justice, qu'ils avaient favorisé leurs amis et fait surcharger les autres, notamment les nouveaux convertis.

Le mot Camisard aurait même pour origine un incident de la lutte antifiscale :

Peu de temps après, je veux dire au mois de juin 1702, quelques receveurs du droit de capitation, ayant fait exécuter dans les villages des Hautes-Cévennes les particuliers qui étaient en défaut de payer leur cotte, peut-être plus par misère ou par impuissance que par un défaut de volonté, ces buralistes furent pris la nuit dans leur maison et pendus à des arbres, leur rôle au col ; et comme ceux qui firent cette fonction d'archers et de bourreaux se déguisèrent en mettant une chemise en caleçon et une autre sur leur tête, cela donna lieu au nom de Camisards dont on les a nommés [10].

Histoire totalement fantaisiste : un collecteur d'impôts fut certes tué par les insurgés, mais en octobre 1702, et il s'agissait de l'homme chargé de lever les amendes infligées aux communautés protestantes pour le meurtre de l'abbé du Chaila.

Plus largement, rien ne permet de déceler une revendication antifiscale. Aucun des responsables de la province n'y fait allusion. Bâville redoute bien des conséquences pour la perception de l'impôt, mais du côté catholique :

Les personnes, même les plus sensées de celle-ci [la province du Languedoc], craignent que sous prétexte de ces mouvements, les anciens catholiques payent mal les impositions [10bis].

Quant à l'ordre de ne pas payer la dîme, c'est une réaction contre l'Église romaine et non un moyen de soulager les paysans, car les révoltés réclament cet impôt pour leur combat, comme le signale Louvreleul :

Ces deux chefs fanatiques [Roland et Joiny de la région de Genolhac] exigeaient la dîme comme leur appartenant, disaient-ils, parce qu'ils faisaient le service divin et administraient les sacrements[11].

Les textes prophétiques sont aussi muets sur ce thème. Et la contre-épreuve est administrée par l'échec retentissant d'une tentative effectuée dans le Rouergue pour étendre la révolte en lui donnant une dimension fiscale. A l'origine de cette opération, se trouve un personnage curieux, Antoine de la Bourlie, fils d'un gentilhomme du Quercy, le marquis de Guiscard. Destiné à l'état ecclésiastique et pourvu de bénéfices, il doit renoncer à cette fonction et quitter précipitamment la France à la suite d'un scandale. Réfugié en Angleterre, il forme le projet d'un soulèvement général qui unirait catholiques et protestants, nobles et paysans, autour des mots d'ordre suivants : abaissement des impôts, liberté de conscience, restriction de l'absolutisme royal.

Il profite de l'insurrection cévenole pour tenter de réaliser son projet à la fin de l'été 1703. Il s'entend avec un ancien capitaine protestant du Rouergue, Boeton. On prend contact avec Cavalier qui envoie deux de ses adjoints. Selon les conseils donnés par les Alliés, les Camisards devaient éviter de brûler les églises et de tuer les prêtres ; les catholiques étaient conviés à se joindre à eux pour réclamer la diminution de la capitation. Plan de notables « raisonnables », qui n'ont rien compris à la mentalité camisarde ; ce qui apparaît clairement dans la description de l'échec du complot que présente Antoine Court :

Mais soit que Catinat * ne put retenir son zèle contre les églises catholiques auxquelles il avait déclaré une

* Surnom donné à un chef camisard Abdias Maurel parce qu'il avait combattu sous les ordres du maréchal Catinat.

guerre implacable, ou par représailles de ce qu'on avait démoli à la révocation de l'édit de Nantes les Temples des Réformés, ou à cause des objets d'idolâtrie qu'elles renfermaient selon lui ; soit qu'il n'entra par parfaitement dans les vues de ceux qui travaillaient sur un nouveau plan [...] il sortit de sa retraite la veille du Rendez-vous général et fut brûler quelques églises du côté de La Caze. Ces expéditions incendiaires jetèrent l'alarme dans le Canton [...] Au premier bruit, la noblesse de l'une et l'autre Religion monta à cheval ; la milice bourgeoise s'assembla et tous, de concert, marchèrent aux Camisards [12].

On ne pactise pas avec Babylone dans l'espoir d'obtenir une réduction d'impôt ! Sur un ton plus mesuré, c'est exactement ce que dit Élie Marion :

On nous avait promis un secours de nos frères réfugiés qui eussent les mêmes sentiments que nous, commandés par un seigneur protestant et au lieu de cela, on nous envoya quatre ou cinq cents hommes, la plupart déserteurs papistes, à la tête desquels était l'abbé de La Bourlie ou Guiscard qui était sorti de France pour quelques prétendus mécontentements. Si telles gens fussent venus parmi nous, y a-t-il apparence que nous nous fussions fiés à eux ? Nous combattons contre les papistes parce qu'ils sont ennemis de notre religion et nous persécutent selon leurs principes et l'on nous envoie des gens de cette espèce [...]. Nous étions bien ignorants en matière de politique, mais quant à ceux-ci, toute l'éloquence du monde n'aurait jamais pu nous persuader d'avoir de la confiance pour l'abbé de Guiscard ni ses semblables [13].

LA FORCE DES PROPHÈTES

Les calculs tactiques n'entraient pas en effet dans ιa logique prophétique qui domine la guerre comme elle l'a déclenchée. Mais ce prophétisme, s'il ne permet pas les savantes manœuvres, a donné d'autres forces à ces paysans et à ces artisans. Il leur a fait surmonter leur complexe d'infériorité. Dans les révoltes populaires traditionnelles, les paysans étaient tellement persuadés de la supériorité naturelle des troupes régulières que la plupart du temps, il se débandaient et se laissaient tuer sans même combattre. De la même façon, ils ne pouvaient pas imaginer une armée qui ne soit pas encadrée par des gentilshommes, d'où la recherche éperdue de petits nobles ou, à défaut, de bourgeois qui accepteraient de se mettre à leur tête[14]*. Les Camisards partagent ce point de vue puisqu'ils espèrent l'arrivée des officiers nobles protestants, Marion vient de le dire. Mais par l'inspiration, ils peuvent s'en passer et vont au combat sans faiblir, car Dieu est avec eux et l'Esprit les assiste dans la moindre décision. Le même Marion en apporte un premier témoignage :*

Un petit nombre de jeunes gens simples, sans éducation et sans expérience, comment auraient-ils fait tant de choses, s'ils n'avaient pas eu le secours du Ciel ? Nous n'avions ni force ni conseil, mais nos inspirations étaient notre recours et notre appui.

Ce sont elles seules qui ont élu nos chefs et qui les ont conduits. Elles ont été notre discipline militaire. Elles nous ont appris à essuyer le premier feu de nos ennemis à genoux, et à les attaquer en chantant des psaumes, pour porter la terreur dans leur âme. Elles ont changé nos agneaux en lions et leur ont fait faire des exploits glorieux[15].

Dans sa déposition, Durand Fage explicite le thème en montrant comment fonctionne l'inspiration et ce que celle-ci lui a apporté :

Tout ce que nous faisions, soit pour le général, soit pour notre conduite particulière, c'était toujours par ordre de l'Esprit. On obéissait aux inspirations des plus simples et des plus petits enfants, surtout quand ils insistaient dans l'extase avec redoublement de paroles et d'agitations, et que plusieurs disaient une même chose. Mais dans la troupe où j'étais, nos chefs, et particulièrement M. Cavalier, étaient doués de grâces extraordinaires ; aussi les avait-on choisis à cause de cela ; car ils n'avaient aucune connaissance de la guerre ni d'autre chose. Tout ce qu'ils avaient, il leur était donné miraculeusement sur-le-champ. Dès qu'il s'agissait de quelque chose sur quoi les inspirations n'avaient rien dit, on allait ordinairement au frère Cavalier. Frère Cavalier, lui disait-on (car il ne voulait point être traité de monsieur, encore qu'il eût cinquante bons gardes et qu'il fût mieux obéi qu'un roi), frère, telle et telle chose se passe, que ferons-nous ? Aussitôt il rentrait en lui-même ; et après quelque élévation de son cœur à Dieu, l'Esprit le frappait, on le voyait un peu agité, et il disait ce qu'il fallait faire. C'était merveille dans les batailles, de le voir le sabre à la main, à cheval, et, dans de certaines émotions de l'Esprit qui l'animait, courir partout, encourager, fortifier, faire des commandements qui surprenaient souvent, mais qui étaient exécutés à merveille et qui réussissaient de même.

Dans les occasions de grande importance on faisait la prière générale, et chacun demandait à Dieu qu'il lui plût d'adresser ses enfants, dans l'affaire dont il s'agissait. Incontinent voilà qu'en divers endroits on apercevait quelqu'un saisi de l'Esprit. Les autres couraient pour entendre ce qui serait prononcé. Et ceux qui critiquent ici sans savoir l'état des choses, auraient eu beau crier que nous avions des inspirations de commande : elles n'étaient pas de commande, mais elles étaient de demande ; car nous implorions le secours de Dieu dans notre besoin, et sa bonté nous répondait. Eh bien, disaient après cela les chefs, qu'est-ce que Dieu a ordonné ? Tous les inspirés avaient dit la même chose, par rapport à ce qui était en question ; et d'abord on se mettait en devoir d'obéir. Dans les commencements, plus que dans la suite, on murmurait quelquefois, parce qu'on manquait de foi et qu'on voulait être plus sage que la Sagesse même, et cela arrivait particulièrement aux nouveaux incorporés dans la troupe et à ceux qui n'avaient pas d'inspirations. Serait-il bien possible, disait-on quelquefois, que Dieu voulût qu'on se gouvernât ainsi, ou ainsi ? et alors on faisait souvent à sa fantaisie, en supposant que peut-être l'inspiration n'avait pas été bien entendue. Mais on en était châtié ; et ceux d'entre nous qui avaient le plus de soumission et d'humilité, ne manquaient pas de faire des réflexions sur la faute qui avait été commise.

Devions-nous attaquer l'ennemi ? Étions-nous poursuivis ? la nuit nous surprenait-elle ? Craignions-nous les embuscades ? Arrivait-il quelque accident ? Fallait-il marquer le lieu d'une assemblée ? Nous nous mettions d'abord en prières. « Seigneur, fais-nous connaître ce qu'il te plaît que nous fassions pour ta gloire et pour notre bien ! » Aussitôt l'Esprit nous répondait, et l'inspiration nous guidait en tout.

La mort ne nous effrayait point : nous ne faisions aucun cas de notre vie, pourvu qu'en la perdant pour la querelle de notre Sauveur et en obéissant à ses commandements, nous remissions nos âmes entre ses mains. Je ne crois pas qu'un seul de ceux qui étaient inspirés dans notre troupe ait été tué dans le combat ou ait été pris et exécuté à mort (car notre guerre se faisait sans cartel), qu'il n'en avait été averti quelque temps auparavant. Alors on se remettait avec humilité entre les mains de Dieu, et on se résignait à sa volonté avec constance. On s'estimait heureux de le pouvoir glorifier dans la mort comme dans la vie. Je n'ai jamais ouï dire qu'aucun de nos frères, qui ont été appelés en grand nombre à sceller la vérité par leur sang, ait eu la moindre tentation de racheter sa vie par une lâche révolte, comme plusieurs auraient pu le faire s'ils avaient voulu. Ce même Esprit saint qui les avait tant de fois assistés, les accompagnait jusqu'au dernier moment. De sorte qu'ils ne perdaient point au change, et que la mort ne leur était qu'un passage à la vie.

D'ailleurs, quand l'inspiration nous avait dit : « Marchez, ne crains point » ; ou bien : « Obéis à mon commandement, fais telle ou telle chose » ; rien n'aurait été capable de nous en détourner : je parle des plus fidèles et de ceux qui avaient le plus éprouvé la vérité de Dieu. Lorsqu'il s'agissait d'aller au combat, j'ose dire que quand l'Esprit m'avait fortifié par ces bonnes paroles : « N'appréhende rien, mon enfant, je te conduirai, je t'assisterai », j'entrais dans la mêlée comme si j'avais été vêtu de fer, ou comme si les ennemis n'eussent eu que des bras de laine. Avec l'assistance de ces heureuses paroles de l'Esprit de Dieu, nos petits garçons de douze ans frappaient à droite et à gauche comme de vaillants hommes. Ceux qui n'avaient ni sabre ni fusil faisaient des merveilles à coups de perches et à coups de frondes ; et la grêle des mousquetades avait beau nous siffler aux oreilles et percer nos chapeaux et nos manches, comme l'Esprit nous avait dit : ne craignez rien, cette grêle de plomb ne nous inquiétait pas plus qu'aurait fait une menue grêle ordinaire[16].

LE TEMPS DES MIRACLES

Il arrive aussi que l'esprit commande aux inspirés de ne pas porter les armes :

Je ferai faire en passant cette remarque puisque l'occasion s'en présente. Il arrivait souvent qu'il était défendu à des inspirés de porter les armes ; il leur était dit quelquefois que leurs prières pendant le combat faisaient plus de mal à l'ennemi que n'aurait pu faire la plus forte arme en leurs mains, et il est arrivé à tous ceux qui avaient eu de tels ordres, mais que l'ardeur de combattre en voyant si bien faire les autres, avait fait oublier, il est arrivé, dis-je, que les armes n'ont jamais voulu prendre feu entre leurs mains quoique très bonnes et qu'elles ne manquaient jamais entre celles d'un autre, ni entre les leurs non plus quand l'ordre de les reprendre leur était donné. Les plus braves étaient quelquefois obligés de demeurer les bras croisés, ou plutôt à la prière pendant l'action. Dans la dernière dont je viens de parler, Rolland, qui avait eu cet ordre, mais à qui le sang bouillonnait aussitôt qu'il voyait l'ennemi, ne se souvenant plus, dans la chaleur, dudit ordre, voulut combattre à l'ordinaire, mais jamais il ne lui fut possible de faire prendre feu à ses pistolets, ni à son mousquet, lesquels il jeta par terre, et à coups de pierres assomma plusieurs [17].

Outre les fonctions qui ont été décrites par Durand Fage, l'inspiration permet souvent de démasquer les traîtres, mais il faut parfois convaincre les incrédules par des prodiges plus extraordinaires qu'à l'accoutumée :

Au mois d'août 1703, le frère Cavalier, notre chef, convoqua une assemblée proche de la tuilerie de

Sérignan, entre Quissac et Sommières, un jour de dimanche. Vers les deux ou trois heures de l'après-midi, Dieu se manifesta à nous par un signe admirable. Le frère Clary, homme d'environ trente ans, et qui avait reçu des dons extraordinaires, tomba en extase. J'ajouterai, si l'on veut, que c'était lui qui avait le principal soin de la distribution de nos vivres. Après de grandes agitations, entre les diverses choses qu'il prononça, il dit à haute voix qu'il y avait deux hommes dans l'assemblée qui étaient venus pour la vendre, et que s'ils ne se repentaient pas de leur mauvais dessein, lui, Clary, déclarait de la part de Dieu qu'il irait les saisir. Sur cela, le frère Cavalier, qui ne doutait pas de la vérité de l'inspiration, ordonna incontinent à ceux de sa troupe qui étaient, je crois, au nombre d'environ cinq à six cents, d'environner l'assemblée, pour empêcher que personne ne s'évadât. Dans ce même temps, Clary continuant dans l'extase se leva, marcha en sanglotant et ayant les yeux fermés, avec d'assez grandes agitations de tête et les mains jointes et élevées. Il approcha dans cet état du traître qui était au milieu de l'assemblée, et mit la main sur lui. Son compagnon, qui en fut effrayé, se vint déclarer lui-même, se jetant aux pieds du frère Cavalier, en demandant grâce. Le frère Cavalier les fit lier tous deux, en attendant ce qui serait résolu touchant cette affaire. Mais Clary, toujours dans l'extase, dit hautement qu'il y avait beaucoup de personnes dans l'assemblée qui murmuraient, et qui soupçonnaient qu'il y avait eu de l'intelligence entre lui et les deux hommes que l'on avait arrêtés ; que Dieu vaincrait leur incrédulité, et qu'il voulait manifester sa puissance. « Je te dis mon enfant, lui dit l'Esprit à peu près en ces termes (les agitations ayant redoublé) que je veux faire connaître ma force et ma vérité. Je veux que l'on allume tout présentement un feu, et que tu te mettes au milieu, sans que les flammes te fassent aucun mal. Ne crains point, mon enfant, obéis à mon commandement, et je serai avec toi, je te conserverai, etc. » Il se fit alors un grand cri de ceux qui avaient murmuré, dont le nombre n'était pas petit. Ils protestèrent qu'ils ne doutaient plus, et demandèrent à Dieu avec cris et larmes qu'il retirât le témoignage du feu. Mais le frère Cavalier, après délibération, ordonna que le feu fût fait, et je fus du nombre de ceux qui ramassèrent le bois. Ce bois, sec et menu, fut entassé en un moment, au milieu de l'assemblée, parce que nous en trouvâmes tout près de là, qui était destiné pour l'usage de la tuilerie. Le feu fut allumé, et je ne sais si ce ne fut point Clary lui-même qui l'alluma. Comme les flammes commençaient à s'élever, il entra au milieu, se tenant debout, et ayant les mains jointes et élevées. Il était toujours dans l'extase ; je jugeais qu'il parlait, mais je n'avais garde d'entendre ce qu'il disait, puisque outre les six cents hommes de la troupe, il y avait environ autant d'autres personnes, de tout âge et sexe, qui étaient venus des villages voisins, et qui tous ensemble faisaient un grand cercle autour du feu ; tous fondant en larmes, chantant des psaumes, et criant grâce et miséricorde. Entre ces personnes était la femme de Clary, qui criait et pleurait en priant Dieu. J'étais à côté d'elle, et je la rassurais autant qu'il m'était possible. Ses deux sœurs étaient là aussi, leur père, un de leurs frères et quelques parents de Clary.

Toute l'assemblée fut témoin que les flammes, qui s'élevaient de beaucoup au-dessus de sa tête, l'environnaient aussi de tous côtés, de telle manière que ceux qui auraient fait le tour l'en auraient vu entièrement enveloppé. Il demeura dans cet état jusqu'à ce que les flammes fussent éteintes et que le bois, qu'on avait toujours repoussé, fut tout consumé. Alors il sortit, étant encore en quelque agitation ; et chacun put juger avec quelle admiration tous ceux qui purent l'embrasser, et particulièrement ses proches et ses intimes amis, lui témoignèrent leur joie, et comment chacun bénit Dieu. Le frère Cavalier fit la prière ; et ensuite, après avoir entendu la confession des deux hommes arrêtés, qui demandèrent grâce et qui témoignèrent une repentance que l'on jugea être sincère, il les exhorta fortement à être fidèles, leur déclarant que Dieu ne manquerait pas de les livrer une autre fois entre nos mains, s'ils retombaient en pareille faute. De sorte qu'ils furent mis en pleine liberté. Ils dirent que leur grande pauvreté avait été la cause de leur tentation. Clary avait une veste blanche que sa femme lui avait apportée le matin. Elle ne fut pas le moins du monde offensée, ni un seul cheveu de sa tête non plus [18].

« DE VÉRITABLES SUJETS DU ROI... »

Même quand les Camisards s'adressent aux philistins, *autrement dit aux autorités, ils n'abandonnent pas leur langue prophétique nourrie de citations bibliques mises bout à bout : on en compte une quinzaine au moins dans la première lettre que les révoltés adressent au comte de Broglie, avec la traditionnelle référence à Joël III-1 *. On relèvera dans ce texte la volonté de rappeler la doctrine de la seule justification par la foi et le souci du respect à l'égard du Roi. Ces révoltés (à la différence des anabaptistes du XVIe siècle) ne mettent pas en cause le régime politique (et encore moins social) du pays. Les coupables sont les* Messieurs de l'Église romaine *:*

Nous, généraux de l'assemblée des fidèles, avons bien voulu vous faire savoir ce que nous demandons :

* *Supra*, p. 68 et p. 91.

c'est nos précieuses libertés que nos pères ont achetées au prix de leur sang et que nous sommes plutôt prêts à mourir que de renoncer à une si bienheureuse croyance qui nous a assuré Notre Seigneur Jésus-Christ en sa mort qu'il a souffert lui juste pour nous injustes à cause de nos péchés ; que rien n'a pu expier que le sang d'un Dieu béni éternellement qui est le Roi des Rois et le Seigneur des Seigneurs, qui nous a fait tant de bien à nous pauvres pécheurs de nous éclairer de la connaissance de la vérité de son saint Évangile. Et après avoir joui un si long temps de cette connaissance, nous en avons été privés par les Édits du Roi notre sire, par lesquels Édits nous avons été privés de nous assembler publiquement pour rendre à Dieu le culte que nous devons lui rendre et vaquer en jeûnes et oraisons, nous retirant pour cet effet dans les déserts, par les montagnes et dans les trous de la terre ; mais les messieurs de l'Église romaine n'ont rien oublié pour nous chercher afin de nous massacrer, mettant en avant toute leur cruauté et leur méchante malice, employant toutes ces machines du Diable tuant sur le lieu, prenant prisonniers hommes, femmes et enfants, nous traînant sur les roues, échaufauds, brûlant, exilant et envoyant en galères et en pays étrangers, n'ayant compassion ni des anciens ni des jeunes gens, tellement que nous y avons été tous perdus, tant nos corps que nos biens, mais encore notre pauvre âme, si ce grand Dieu tout-puissant n'eusse pas eu compassion de nous jeunes plantes qui ne savions ce que c'était de religion ; mais ce père de miséricorde ayant vu la lâcheté de nos pères a répandu de son esprit sur ses serviteurs et sur ses servantes comme il nous avait promis par la bouche de son prophète Joël afin de nous apprendre à retourner dans le sein de son Église que nous avons abandonnée par la crainte des hommes, tellement que ce divin esprit ayant rallumé derechef notre zèle nous oblige non seulement à combattre pour sa querelle, mais encore à l'exemple de ses apôtres offrir nos corps, nos biens en sacrifice pour soutenir la vérité de son saint Évangile.

C'est pourquoi messieurs, ainsi que nos pères qui étaient de véritable sujets du Roi, nous le sommes, ainsi que nos corps et nos biens et même notre pauvre vie dépendant de lui et nous sommes tous prêts pour son service de répandre notre sang par terre [afin] de lui maintenir ses États.

Messieurs, nous finissons en vous souhaitant la paix de Dieu qui demeure envers tous ceux qui le craignent et qui procure la paix, vous demandant ce titre glorieux. Amen. Si vous voulez nous faire réponse, nous vous éclaircirons plus avant.

Signé : Jean La Pierre Rollante
[de] La Rivière de Gardon
Du 15 décembre 1702 [19].

Comment des officiers catholiques, peu familiarisés avec l'Écriture sainte, n'auraient-ils pas la tentation de voir dans un tel texte une preuve supplémentaire de la folie outrée des peuples [19bis] *? Une expression comme :* nous retirant pour cet effet dans les déserts, par les montagnes et dans les trous de la terre, *est-elle réellement intelligible si l'on ignore qu'elle est tirée de l'épître aux Hébreux, XI-38 où sont évoquées les persécutions qui s'abattent sur les prophètes de l'Ancien Testament ? Quant à la signature* Jean La Pierre Rollante [de] La Rivière de Gardon, *elle paraît absurde pour qui n'a pas lu Daniel, II, 34-35 ou I Samuel, XVII, 40. Cette* pierre rollante, *c'est celle qui détruisit la statue aux pieds d'argile du songe de Nabuchodonosor, ou le caillou poli par le torrent que David a mis dans son sac de berger pour aller combattre Goliath.*

Les notables doivent être encore bien plus surpris des rêveries* *trouvées dans la poche d'un combattant camisard tué en février 1703. Ce texte représente la tendance la plus apocalyptique des discours prophétiques élaborés durant la guerre ; pourtant, sur l'essentiel, il ne contredit pas le précédent : aucun bouleversement de l'État et de la Société n'est envisagé ; il reflète même un attachement au Roi sincère et un véritable « patriotisme ». La fin des malheurs des protestants viendra de la conversion miraculeuse du Roi, et non de son renversement. Après cette intervention divine, la France sera à l'abri des guerres de religion qui ravageront l'Europe, le Roi et la nation seront délivrés de leurs ennemis ; sans violences, catholiques et protestants se réconcilieront. Un esprit critique aurait pu suspecter la première lettre d'avoir été guidée par des considérations opportunistes**. Cela n'est plus possible avec ce document à usage interne et composé par un homme de formation plus sommaire. Il serait aussi absurde d'accuser les Camisards de duplicité. Ne leur prêtons pas une mentalité « rationnelle » ; comme tous les autres révoltés populaires, ils ne sentent pas la contradiction entre leurs protestations de fidélité et leur comportement.*

UN COMMENTAIRE DE L'APOCALYPSE

A Nismes, ce 23 février 1703.

Au 14e cp. [chapitre] de l'Apoclice [*sic*] est dit que sur la montagne de Sion, saint Jean vit cent quarante-quatre mille personnes qui n'avaient point paillardé

* Expression du magistrat qui transmet le texte au maréchal de Montrevel.

** Hypothèse contestable, car le reste du texte montre assez l'audace des révoltés.

avec les femmes, et qui chantent un nouveau cantique au-devant de l'agneau. On tient que ce sont ces gens qui ont des révélations.

Le 10e et 11e verset du même chp. dit aussi que ceux qui adoreront la bête ou qui porteront sa marque, boiront du vin de la colère de Dieu, cela et que le Roi donnera un Édit dans une Assemblée générale du clergé de France qui révoquera tout ce qui est contraire à l'Évangile et ceux qui y contrediront seront mis à mort. Le 18e ver. du même chp. dit que l'ange qui sort de l'autel a puissance sur le feu : le feu représente la guerre, et cela rapporte un combat général entre la France et le reste de l'Europe. Le 19e verset du même chp. qui parle des raisins jetés dans la cuve de la colère de Dieu représente les hommes qui ont versé le sang innocent. Le 20e de suite dit : On foulera la cuve hors de la ville et il en sortit du sang en si grande abondance que les chevaux en avaient jusques au frein dans l'étendue de mille six cents stades. La cuve et [le] lieu où le combat général se doit donner sur la frontière dans le pays ennemi mille six cents estades c'est gistament [justement] le tour de la France, parce que la France sera attaquée de toutes parts tant par mer que par terre et le sang qui sort de la cuve c'est le sang des hommes qui doivent rester au combat général qui sera le dixième partie de Lurope [L'Europe] ; et avant le fatal jour il n'y aura qu'une seule religion en France parce que le Roi aura donné l'Édit qui révoquera tout ce qui est contraire au Saint Évangile.

Et en l'année 1705, il y aura une grande guerre dans les royaumes, religions contre religions, mais la France n'y aura point de part, parce que Dieu l'aura purgée de son péché. Il y a encore dans la prophétie tirée de la Pocalice que l'édit dont il est parlé sera dressé, ensuite de l'assemblée générale du Clergé de France par ordre du Roi, où ils seront en tête, le clergé d'un côté et la

Cour de l'autre. L'on vérifiera tous les points et contestations qu'il y a entre les protestants et les papistes où l'on trouvera le sentiment des protestants conforme à l'original de l'Évangile qui sera mise sur la table où il y aura quatre commissaires de ladite assemblée qui trouveront le tout conforme *. Cet Édit révoquera à part et à plein tout ce qui est contraire à l'Évangile et ordonnera de le suivre avec défense d'y contrevenir sous peine de mort.

Cet Édit sera lu et publié et affiché par tous les carrefours du royaume, que tout le peuple suivra sans contestations.

C'est pour lors que les moines sortiront hors du royaume et que les protestants fugitifs reviendront dans leurs maisons et pour lors la France pure et nette n'y ayant que la seule et vraie religion, le tout se fera sans dragons ni soldats et sans contestations et violence où le peuple suivra l'Édit. C'est par là que fera voir que les faits de la guerre et de religions dépendent de lui et non point de l'homme et les papistes auront les yeux ouverts. Pour lors, nous embrasseront en nous demandant pardon des peines et injures qu'ils diront nous avoir faits ou dits.

Et quoi que tous les potentats de Lurope soient ligués contre la France néanmoins. Dieu voudra par une grâce particulière conserver la France et le Roi et la nation car lesdits potentats seront extrêmement marris et épouvantés de la punition de Dieu, se sentant coupable de tant de sang qu'ils auraient fait verser et demanderont au Roi de consentir à une paix générale qui sera accordée [20].

* Rappelle le colloque de Poissy.

UNE VOLONTÉ DE CONTINUITÉ

A bien des égards, les Camisards pouvaient paraître en rupture avec la tradition ecclésiastique du XVIIe *siècle. Cette inspiration qui ne tient pas compte des hiérarchies sociales ou intellectuelles, cet Esprit qui choisit souvent les illettrés (et parfois les pauvres imbéciles), en tout cas des gens sans formation religieuse approfondie, créent une église de laïques que l'on peut qualifier de démocratique puisque le plus humble peut accéder à la direction spirituelle, et par là temporelle, de la communauté. Nous sommes loin de l'église fortement encadrée par les pasteurs et dominée par les consistoires de notables. Nous sommes encore plus loin de la prédication intellectuelle, rationalisante et morale des ministres d'avant 1685. Pourtant les révoltés s'efforcent de pratiquer la liturgie ancienne, si bien que les protestants cévenols sont beaucoup plus sensibles à la continuité qu'à la rupture. Ainsi Bonbonnoux : il se rend pour la première fois au camp camisard ; avant d'être un combattant, c'est un fidèle qui retrouve le culte familier, prières, chant des psaumes, sermons :*

Je partis donc de chez moi un soir après souper, au commencement de l'année 1703. J'étais accompagné de quelques jeunes gens dont l'un desquels (Pierre Claris) avait été déjà parmi les Camisards. Nous fîmes environ deux lieues cette nuit, et nous allâmes loger dans une maison de campagne (le Montaud au-dessus de Durfort) où un honnête homme eut la bonté de nous donner à manger pendant un jour que nous y séjournâmes. De là nous fûmes dans un petit hameau (Paussan) proche de Mialet en Cévennes. Je me souviens qu'avant que d'arriver à ce hameau nous nous mîmes plus d'une fois à genoux pour prier Dieu qu'il nous garantît des embuscades des ennemis, y ayant beaucoup à craindre de donner dans quelqu'une surtout au Pont de Salindre, par où nous devions passer mais heureusement nos vœux furent exaucés.

Nous demeurâmes quelques jours dans notre hameau, pendant lesquels nous priâmes Dieu et le jour et la nuit. Nous chantâmes des psaumes, nous lûmes l'Écriture sainte, et un jeune garçon (Pierre Cabanis, du lieu de Quissac), âgé d'environ dix-sept années, nous adressait tous les jours une exhortation ou une espèce de sermon tiré de passages de l'Écriture sainte et qu'il accompagnait de ses réflexions ; en un mot notre dévotion était telle que j'étais ravi en admiration, et j'avais bien lieu de m'écrier avec un célèbre Patriarche : C'est ici la Maison de Dieu et je n'en savais rien.

De notre hameau, rétrogradant sur nos pas, nous tirâmes vers Monoblet et nous logeâmes dans une maison d'où nous eûmes la douleur d'entendre les coups de fusils qu'on tirait sur nos Frères à Pompignan où ils furent fort mal traités. Le soir de cette fatale journée changeant d'asile, nous trouvâmes sur nos pas quelques-uns de réchappés qui avaient trouvé leur salut dans la fuite. Nous fûmes tous ensemble dans un village (Les Montèzes) où Daniel Guy, le plus distingué du triste débris, après s'être pansé d'une blessure qu'il avait reçue dans le combat, récita avec tant de zèle la Prière qu'on trouve à la fin de la Pratique chrétienne pour un troupeau désolé, que je fus comme ravi en extase[21].

L'envoyé des Alliés éprouve un sentiment identique :

Ils prient Dieu sans cesse et avec un si grand zèle qu'il semble qu'ils soient collés à Notre Seigneur Jésus-Christ. Ils prêchent fort bien. Moyse, Castanet,

Mazel et un nommé François sont les plus habiles. Ils chantent continuellement les louanges de Dieu, et tel ne sait ni lire ni écrire, en se mettant dans leur troupe, qui dans la suite, en entendant chanter les autres, apprend les psaumes par cœur.

Il y a douze personnes qui sont nommées pour former un consistoire, lesquelles veillent avec beaucoup d'exactitude sur la conduite des autres ; et je puis protester, comme devant le Seigneur, que pendant le temps que j'ai resté avec eux, ils ont vécu d'une manière exemplaire. Je ne doute point que cela ne soit à leur ordinaire, parce qu'il n'y en avait que très peu qui sussent ce que j'étais. L'on fait passer par les verges ceux qui blasphèment le nom de Dieu, après qu'on les a repris quelques fois. Ils punissent sans rémission les larrons et les paillards, après qu'ils les ont pardonnés pour la première fois.

Ils s'appellent tous frères, depuis Roland jusqu'au moindre soldat. Ils ont généralement tout en commun. Ils souhaitent ardemment des pasteurs. Plût à Dieu que tout le monde pût voir leur conduite et combien ils sont sages selon Dieu ! Je suis persuadé qu'il y aurait un très grand nombre de personnes qui souhaiteraient avec ardeur d'être avec eux. Je les ai ouï prêcher, comme j'ai dit ci-devant et leur service est de même que celui des églises de Genève et du pays de Vaud en Suisse[22].

Témoignage embelli, objectera-t-on, pour ne pas choquer les protestants orthodoxes d'Amsterdam ou de Londres. C'est vrai. Cependant, Marion qui s'embarrasse peu de ces préoccupations tactiques confirme ce souci de conformité à la discipline traditionnelle :

Ces règles dont je parle, que nous avions prises, étaient pour établir un meilleur ordre qu'il n'y avait eu jusqu'alors, parce que chaque troupe agissait ordinairement dans son quartier comme bon lui semblait. Joini et toute sa troupe consentirent de ne faire qu'un même corps avec la nôtre pour agir ensemble unanimement. Les principaux paysans nous assistèrent à ce règlement, qui après avoir été rédigé dans tout l'ordre dont nous étions capables fut lu dans quelques assemblées, afin que le peuple des environs s'y conformât. La troupe ainsi augmentée devait porter le nom d'Abraham Mazel, parce qu'il était le plus ancien chef, et que ses inspirations regardaient la guerre principalement, que cependant il ne pourrait rien entreprendre de son chef. Nous étions un petit nombre qui formions le Conseil, et lorsque Dieu nous donnait des inspirations, pour ce que nous devions faire, nous devions avoir soin de les faire exécuter avec toute la prudence possible. Nous avions déjà un espèce de Consistoire qui devait veiller sur les actions des particuliers, sur ceux qui faisaient des choses illicites, afin qu'ils fussent censurés ou punis selon le cas, que l'argent qui se donnerait dans les assemblées fût fidèlement distribué aux plus indigents, et que ceux qui avaient le don de prêcher remplissent dûment le devoir de leur charge, soit dans la prédication dans l'administration des sacrements que dans le soin particulier qu'ils devaient avoir pour les malades et affligés [23].

LA LOGIQUE PROPHÉTIQUE

Ce contrôle s'accompagne d'une pratique spectaculaire lors de la distribution de la Sainte Cène : l'excommunication. La pratique existe dans les Églises réformées, mais « l'inspiration » en transforme les modalités. C'est un exemple significatif de cette interaction constante entre le souci de continuité et les ruptures entraînées par la logique prophétique :

Le chef Cavalier reçut ordre, par ses propres inspirations, et par celles de plusieurs autres, d'administrer la Sainte Cène. Et il lui fut aussi ordonné, moi étant présent, par une inspiration particulière, de faire une revue de la troupe et de mettre à part, jusqu'à un autre temps, ceux que l'Esprit lui ferait connaître comme n'étant pas encore assez bien disposés pour être admis à la communion. Suivant cette inspiration, le frère Cavalier fit assembler la troupe en pleine campagne ; et après qu'il eut fait la prière générale, tous demeurèrent à genoux, chacun priant en particulier. Alors le frère se tenant debout au milieu de la troupe, étant lui-même en prière et dans quelques émotions de l'Esprit dont il était rempli par la volonté de Dieu, ceux de la troupe s'approchaient de lui par douzaine ou environ, et se jetaient une seconde fois à genoux devant Dieu, pour recevoir la déclaration qui leur serait faite par son serviteur. Il les regardait attentivement ; et l'Esprit lui donnait à connaître ceux qui n'étaient pas préparés encore. Il les faisait mettre à part, en leur témoignant qu'ils seraient reçus une autre fois, lorsqu'ils seraient en état. Et ceux qui étaient admis, il leur adressait une exhortation convenable. J'ai été présent deux fois à cette extraordinaire cérémonie ; et j'eus la joie d'être admis la première fois. Tant ceux qui étaient reçus que ceux qui étaient renvoyés à un autre temps, s'allaient mettre encore en prière, les uns d'un côté les autres de l'autre, chacun s'humiliant devant Dieu selon son état. La Sainte Cène se donnait et se recevait avec un zèle si grand, que je ne pourrais l'exprimer : on voyait une humiliation profonde, et des visages mouillés de larmes qui étaient des larmes de repentance et de joie tout ensemble. Dieu était là et son Saint Esprit y était répandu. Ceux qui n'ont pas été témoins d'un pareil spectacle et qui sont prévenus par des idées qui ne sont pas justes, ne sont pas capables de juger d'une chose si sainte et si admirable.

Outre l'examen dont je viens de parler et qui n'était que pour ceux qui portaient les armes, comme il venait une infinité de gens des villes et des villages pour communier, il arrivait que le serviteur de Dieu qui donnait la Cène, et qui était toujours rempli du don extraordinaire de l'Esprit en cette rencontre, renvoyait quelquefois de certaines personnes, qu'il connaissait n'être pas assez préparées ; mais il ne les rejetait pas absolument, sinon très rarement : il leur disait : « Allez prier Dieu, mon frère, ma sœur, et puis revenez. » De sorte que ces gens-là se présentaient un quart d'heure après, tout en pleurs et pleins d'un nouveau zèle, et ils étaient admis. Je sais que les chefs des autres troupes, et ceux qui avaient reçu la vocation extraordinaire du Saint Ministère de l'Évangile, en usaient tous ainsi [24].

Cependant, le prophétisme ne suffit pas à expliquer les succès camisards. Au Serre-de-la-Palle, dans le Vivarais, les inspirés avaient la même confiance en « l'Esprit » et ils furent tous massacrés, mais les Cévenols réalistes ne négligeaient pas les moyens humains, comme le dit clairement Marion lui-même :

Outre les avertissements particuliers que Dieu nous donnait pour notre conduite, envers nos ennemis dans les occasions importantes, nous étions soigneux de veiller autant qu'il nous était possible sur la leur par rapport à nous. Pour cet effet nous tenions des partis [patrouilles] sur les chemins qui arrêtaient tous ceux qu'on soupçonnait porter des dépêches, tellement que nos ennemis ne pouvaient que très difficilement se communiquer[25].

« CE PAYS-LÀ... »

Une partie du relief de la région est favorable, il est vrai, au type de combat que mènent les Camisards, autrement dit la guérilla. Un mémoire écrit par un zélateur le rappelle pour expliquer l'inefficacité des troupes régulières :

Les montagnes de ce pays-là sont proches l'une de l'autre, mais séparées par une grande quantité de petites rivières qui arrosent les Cévennes, et les entre-deux de ces montagnes sont pour la plupart si étroits que dix hommes n'y pourraient passer de front. On ne saurait y ranger une armée de mille hommes en bataille, n'étant pas possible d'y observer la distance pour les bataillons. Si on y rangeait les bataillons à la queue l'un de l'autre, en renversant le premier on renverserait immanquablement tous les autres comme cela s'est vu mille et mille fois dans les défilés et les pays étroits où l'avant-garde étant renversée, elle renversait le corps de bataille et le corps de bataille l'arrière-garde. Si ceux qui commandent dans les Cévennes entendent le métier de la guerre, ils attireront les troupes que le Roi enverra dans les lieux étroits où cent en pourront battre mille et dix mille : et bien qu'on y eût fait accommoder les chemins, tant ceux qui sont le long des rivières que ceux par lesquels on monte jusques aux sommets des montagnes et qu'un carrosse ou un chariot y puisse monter en tournoyant, ces chemins sont pourtant si étroits qu'on ne saurait y mettre un bataillon en ordre de bataille.

La cavalerie est absolument inutile dans ce pays-là et y ferait plus de mal que de bien[26].

De fait, à plusieurs reprises, les Camisards illustrèrent cette analyse, et ceci en dépit des grands chemins de crête établis par Bâville pour surveiller le pays. 2000 à 3000 hommes environ tinrent en échec 25000 soldats. Mais les succès en plaine ou dans les zones de collines sont au moins aussi grands que dans les Hautes Cévennes. Autant que le relief, les méthodes des Camisards et leur implantation dans la population environnante sont les causes de la durée de la résistance.

Très tôt, les autorités se sont rendu compte de l'originalité de la guerre et de la tactique des Camisards, en particulier la division en petits groupes qui peuvent passer inaperçus :

Si ce pays était comme les autres, on pourrait plus aisément venir à bout d'une pareille affaire, mais quand personne ne veut parler et que tout est montagne et précipice où coulent des torrents dans cette saison trop forts pour être gayés, on a beau chercher et on ne trouve rien que par des hasards infinis, étant avertis de tout ce que font les troupes auxquelles j'ai donné ordre dans tous les postes où je les ai mises de faire de continuelles courses et des embuscades la nuit pour les attraper si on peut ; mais quelque près que les postes puissent être les uns des autres, il n'est pas possible ni qu'ils se communiquent assez pour empêcher de petites troupes de passer sans être vues et rien ne peut s'opposer aux desseins qu'ils peuvent prendre d'aller assassiner ou brûler tantôt d'un côté, tantôt de l'autre, quand on aurait dix mille hommes. Il faut à force d'aller et venir avec des détachements qui courent continuellement tâcher de les trouver et de les battre, ce qui ne manquera pas, si on peut leur tomber sur le corps. Cela serait déjà fini s'ils voulaient marcher en plus grande troupe, mais ils se séparent à tout moment et à travers les bois, vont se rassembler pour faire entreprise et aussitôt après ils deviennent invisibles, se jetant dans les endroits que l'on ne peut deviner[27].

UNE COMPLICITÉ GÉNÉRALE

Le silence de la population est le premier signe de sa complicité active. Montrevel s'en indigne :

La fidélité des paroisses est si inviolable qu'il est presque impossible, par argent ou autrement, d'apprendre la moindre chose de leur marche ; et quand on passe dans le village il y a quelquefois de ces coquins qui ont l'effronterie de se présenter pour guide afin de prendre le contre-pied de leur route. Ils ont, outre cela, tous les bergers dont les troupeaux sont au haut des montagnes qui leur servent de sentinelles, par lesquels au moyen de certains signaux ils évitent le côté où les troupes paraissent[28].

Ces paroisses fournissent aussi aux Camisards le complément de combattants nécessaires : les effectifs des groupes restent en effet limités, mais peuvent brusquement s'accroître grâce à l'apport des moissonneurs de la veille :

... il n'y a pas peut-être deux cents de ces scélérats qui soient toujours ensemble ; mais lorsqu'ils font des détachements de quinze ou de vingt d'entre eux en quelques endroits qu'ils aillent, ils y trouvent une quantité suffisante de jeunes gens qui se joignent à eux et qui exécutent ce qu'ils ont résolu soit pour tuer les anciens catholiques, soit pour brûler les églises. Ces jeunes gens se retirent ensuite chez eux, et ces bandits, demeurant en petit nombre, se cachent aisément à la faveur des bois et des montagnes et encore plus par les retraites qu'ils trouvent de toute part[29].

Même les soldats permanents ne forment pas une armée unique avec un seul chef ; ils sont divisés en plusieurs troupes d'autant mieux implantées qu'elles sont composées de gens du quartier. *Un état de ces groupes a été établi dans un Mémoire pour le ministre de la Guerre à l'été 1703 :*

État des fanatiques armés :

Les chefs des fanatiques armés sont : Cavalier qui a eu quelquefois avec lui jusqu'à 6 ou 700 hommes armés. C'est la troupe la plus nombreuse et la plus aguerrie, celle qui a battu le plus souvent les troupes du Roi et fait le plus de ravage.

Celle de Castanet vient après ; elle a eu quelquefois jusques à 200 hommes armés, quelquefois plus, quelquefois moins ; il y a d'assez bons hommes. Comme celle de Cavalier se tient ordinairement dans la plaine du Languedoc où il serait fort facile de la défaire, si l'on voulait, celle de Castanet habite dans les montagnes ; sa retraite ordinaire est du côté de Vébron, dans quelques petits villages où il n'y a point de troupes, et de là fait ses courses tantôt d'un côté, tantôt de l'autre.

Celle de Roland est à peu près de même nombre, se tenant tantôt dans la plaine tantôt dans la montagne, se joignant la plupart du temps à celle de Cavalier.

Celle d'Abraham [Mazel] a été d'environ 150 à 200 hommes tout au plus, elle fait sa demeure du côté de Génolhac et fait ses courses comme les autres.

Celle de Salomon [Couderc] a été jusqu'à

200 hommes ; mais la dernière fois que je l'ai vue elle n'était plus que d'une quarantaine de très méchants hommes, si on en excepte une quinzaine. Elle fait pourtant beaucoup de ravages et exerce de très grandes cruautés, massacrant et brûlant inhumainement. Elle fait sa demeure ordinaire du côté du Collet, terre appartenant à Mgr le prince de Conti, et autres sept ou huit petits villages qui sont dans le voisinage.

Il y a d'autres petites troupes d'une douzaine ou quinzaine, qui sont plutôt des brigands que des rebelles, qui ne laissent pas de faire des meurtres et des incendies.

Ces troupes ne manquent pas de tenir des assemblées fort nombreuses deux ou trois fois la semaine pour le moins, chacune dans son quartier, où ils entretiennent le peuple dans l'esprit de révolte et d'irréligion ; ils apprennent par ceux qui viennent aux assemblées l'état et le mouvement des troupes, reçoivent tout ce qui leur est nécessaire comme linge, souliers, habits, vivres, etc. Ils les tiennent en plein jour et en rase campagne, sans que les troupes se soient jamais mises en devoir de les dissiper ni de leur tomber dessus ; ce qui serait très aisé. Après les jours de ces assemblées, on apprend ordinairement des meurtres ou des incendies qui y ont été résolus ou décrétés, pour me servir de leurs propres termes[30].

Dans certains cas, deux ou plusieurs troupes se réunissent pour une expédition particulière, mais elles ne restent jamais longtemps ensemble.

Les paroisses offrent enfin aux combattants nourriture et vêtement. Tobie Rocayrol est frappé par la générosité des protestants :

C'est à mon avis une des plus grandes merveilles qui se soient vues depuis plusieurs siècles, de voir la charité que nos frères qui sont encore dans leurs maisons, ont pour eux, outre les risques qu'ils courent, en cas qu'ils fussent découverts. Ils leur donnent la moitié de leur subsistance ; s'ils font quatre pains il y en a deux pour ces pauvres gens-là, et il y a plusieurs paysans qui disent hautement que la moitié qui leur reste leur fait autant de profit que s'ils avaient le tout[31].

Les Camisards eux-mêmes accumulent les provisions dans des cavernes où ils établissent aussi des hôpitaux secrets. Le territoire qu'ils parcourent leur offre des ressources assez abondantes. N'imaginons pas en effet les Hautes-Cévennes sur la réalité actuelle. Le châtaignier, « l'arbre à pain », peut nourrir une population assez dense et la plaine est une terre fertile au point que par allusion à la Bible, la région autour de Nîmes était surnommée la petite Canaan. *La conjoncture climatique ne défavorise pas les combattants la première année. Ni dans les rapports officiels, ni dans les confidences des révoltés, il n'est fait référence à des difficultés économiques et à la misère comme origine possible de l'insurrection. La description physique des Camisards ne laisse pas, d'ailleurs, l'impression de personnes sous-alimentées. De plus, aux ressources tirées de leurs régions, les insurgés ajoutaient les convois pour les garnisons qu'ils réussissaient à intercepter, ce qui permettait de nourrir aussi les paysans chassés par l'incendie des Cévennes et restés au Désert pour ne pas rejoindre les villages de regroupement. Marion l'explique clairement :*

Comme notre pays est abondant en vin, en châtaigniers, Dieu n'ayant pas permis que l'ennemi l'y touchât, c'était de cela aussi que nous tirions notre subsistance principale [...] Si le pauvre peuple dont je viens de parler nous assistait du peu que Dieu leur faisait trouver dans le Désert, nous avions soin d'en faire le semblable, ce que nous prenions dans le pays papiste, soit en grain ou en bétail, nous leur amenions. Nous interceptions souvent les convois qu'on envoyait du Bas-Languedoc pour la subsistance des garnisons, tout cela était en commun, car nous ne faisions qu'une même famille[32].

LE TRIOMPHE DE LA RUSE

Le plus difficile pour les combattants était de se fournir en armes, d'où l'emploi fréquent, dans les batailles, d'instruments de fortune, fourches, faux, cailloux. En définitive la ruse est leur arme principale. Mazel en donne un bel exemple avec l'attaque de Sauve :

J'eus ce jour-là un avertissement qui nous dirigea les moyens de réussir dans une entreprise sur Sauve. Comme Rolland, Cavalier et moi étions dépeints partout, nous jugeâmes qu'il n'était pas à propos de nous montrer. Il fut donc résolu que le nommé Salles, et Dayres, à la tête de quarante hommes, entreraient dans Sauve et qu'ils se diraient être la bourgeoisie des Vans qui venait de courir après les barbets ou hussards — c'est ainsi qu'on nous appelait alors — mais que, n'étant pas assez forts, au cas où ils les rencontrassent ils prieraient M. de Sauve de joindre à eux la bourgeoisie de la ville.

Les instructions nécessaires furent données à Dayres et à Salles qui entrèrent dans Sauve tambour battant — car nous en avions deux que Cavalier avait pris à quelques troupes qu'il avait défaites. Rolland, Cavalier et moi suivions à une certaine distance pour leur donner le temps de prendre poste. Ils firent usage de quelques papiers qui s'étaient trouvés dans un paquet que nous avions ôté à un messager du comte de Broglie. Salles et Dayres furent fort bien reçus de M. et Mme de Sauve qui crurent de bonne foi que Salles, qui avait mis un hausse-cou et qui portait l'habit que nous avions pris au capitaine du Pompidou, était un vrai officier de bourgeoisie, de sorte qu'ils leur donnèrent à manger et à boire dans leur maison, et se mirent à table avec eux. Pendant que ceux-ci étaient chez M. de Sauve, les quarante de nos soldats se tenaient sur la place en attendant les ordres. M. de Milanges, qui est un gentilhomme de la maison de Ferrières et major de la Cornette blanche, qui était venu depuis peu au pays voir ses parents, s'entretenait de sa fenêtre avec quelque personne, et dit, en voyant ces quarante hommes qu'il croyait être de la bourgeoisie : « Voilà, dit-il, de beaux chiens avec lesquels, s'ils voulaient mordre, je voudrais chasser toute cette canaille de ce pays. » Peu de moments après, comme on le verra, il changea de langage.

Tout à coup on entendit sonner l'alarme et crier : « Aux armes, aux armes ! » Cela venait comme nous le sûmes ensuite, premièrement de ceci : on s'aperçut que nos gens ne blasphémaient pas le saint nom de Dieu, comme font presque à tout moment les gens de guerre, ce qui est même fort ordinaire à la jeunesse de notre pays sans être enrôlée, mais au lieu des jurements qui servent pour l'ordinaire à affermir, et qui marquent de la passion, on leur entendit dire : « J'adore Dieu », « J'aime Dieu » et autres semblables expressions, que nos gens employaient en guise de serment. Et comme dans ce même temps, on découvrit notre troupe, et qu'apparemment quelqu'un vint avertir que nous avions poursuivi un prêtre qui se sauvait dans les vignes et un paysan papiste, et aussi qu'on nous avait peut-être vus en prières avant de s'approcher tout à fait de cette petite ville, nos gens, dis-je, qui étaient dans Sauve, entendant le tocsin et crier aux armes, crièrent aussi : « Aux armes. » Salles et Dayres furent si surpris de cette alarme que, sans exécuter leur commission qui était de se saisir de M. de Sauve, ils sortirent pour voir ce que c'était car ils ne nous attendaient pas si tôt. M. de Sauve voyant le danger qu'il avait couru fit fermer aussitôt la porte de la cour, et, par-dessus, une autre porte de fer qu'il y avait, de sorte qu'il n'y eut plus moyen de rentrer. On mit feu à la porte, mais sans effet, celle de fer tenant bon par-derrière[33].

Une autre fois, six hommes font tellement peur à une compagnie qu'elle demande son rapatriement dans les plus brefs délais, à moins d'être renforcée :

Voici un des fait du petit Lafleur qui était âgé d'environ vingt-trois ans lorsqu'il fut appelé à prendre les armes. Ayant eu ordre par inspiration d'aller brûler l'église de Saint-Romans-de-Tousque, quoiqu'il y eût dans le lieu pour la garder une compagnie des troupes réglées et que sa troupe ne fût que de six hommes, après nuit close, il fut avec ses six hommes devant l'église en chantant les Psaumes.

Il faut savoir que rien n'alarmait tant nos ennemis que le chant des Psaumes; aussi les soldats de la garnison, croyant qu'ils étaient grosse troupe, se barricadèrent dans les casernes qui étaient tout près de l'église, de laquelle ils enfoncèrent la porte, entrèrent dedans, renversèrent l'autel, ramassèrent les bancs les uns sur les autres, et ainsi mirent le feu partout. Trois de ses gens couraient sans cesse aux environs des casernes faisant entendre leur voix en divers tons, criant : « Ici vingt hommes, là trente, de l'autre côté quarante. » Chacun d'eux avait pris pour nom un de ces nombres et même des plus grands. Pendant que ces quatre couraient de la sorte, les autres faisaient le fracas. Ils enfoncèrent la porte du curé et mirent la maison en feu. Le curé sauta la fenêtre de peur d'être grillé et se jeta dans les casernes. Les soldats allaient être réduits à la même extrémité, si le frère de Lafleur ne fût tombé d'une muraille en bas, et fut fort blessé dans sa chute, ce qui fut la cause qu'ils se retirèrent pour l'emporter et ne purent brûler les casernes. Le capitaine envoya aussitôt des exprès aux Puissances pour leur apprendre que les Camisards étaient venus en grand nombre brûler l'église, la maison du curé, et qu'ils avaient déjà fait un trou dans les casernes pour y mettre le feu, qu'il lui était absolument impossible de s'y maintenir si on ne le renforçait incessamment. Peu de jours après il eut l'ordre d'abandonner le lieu, ce qu'il fit très ponctuellement [34]...

Dans ce dernier épisode, le rôle psychologique joué par le chant des Psaumes est mis en pleine lumière. Les troupes royales ont été tellement habituées à ce que les Camisards les attaquent furieusement en entonnant l'un des Psaumes (et particulièrement le Psaume LXVIII, celui qu'on appela ensuite, en souvenir des Camisards, le Psaume des batailles) que certaines n'attendent même pas le choc pour se débander. Ainsi lors du premier combat auquel assiste Bonbonnoux :

Un jour ayant été avertis, je ne sais par quelle voie, qu'un gros détachement des troupes devait passer le long du chemin au-dessous de Vézénobres, nous nous mîmes en devoir de lui livrer le combat ; c'est ici le premier où je me sois trouvé. Avant que de paraître devant les troupes, le sieur Daire, jeune prédicateur âgé d'environ trente ans, nous exhorta avec beaucoup de zèle au combat et à la mort. Dès que nous parûmes, les soldats témoignèrent beaucoup de plaisir, je me souviens que j'en vis sauter de joie. Elle ne dura pas longtemps. Au chant du Psaume LIe, entonné par le nommé Adam (il était âgé d'environ 60 ans, cordonnier de sa vocation) du lieu de Saint-Maurice, nous fonçâmes sur eux ; ils prirent la fuite sans tirer même sur la place un coup de fusil. Nous les poursuivîmes ; en chemin faisant, un de mes camarades, qui était devant moi, lève un fusil et me le remet ; je n'en avais encore point porté ; à quelques pas de là j'en trouve un moi-même, je m'en saisis (c'est le fusil dont je me suis toujours servi, et quoique j'en ai trouvé de plus beaux je n'ai point changé), je remets l'autre à qui me l'avait donné. Un peu plus loin je vis tomber, à ma gauche, le frère aîné du fameux Ravanel, le seul de nos gens tué dans ce combat et expédié par quelques soldats retranchés derrière la muraille d'un jardin. Ce tragique événement, le seul que j'eusse encore vu de cette nature, fit si peu d'impression sur moi que je ne laissai pas de m'éloigner de plus de deux cents pas de notre troupe en poursuivant les fuyards [35].

UN ADVERSAIRE MÉDIOCRE

Il est vrai que les troupes stationnées en Languedoc n'étaient pas parmi les meilleures. Tous les généraux s'en plaignent, Broglie le premier, dès la fin de juillet 1702 :

Je dois me donner l'honneur de vous dire qu'il est venu en garnison dans cette Province plusieurs compagnies de nouvelle levée qui sont si mauvaises qu'il n'y a pas un homme qui puisse y rester. Ce sont des figures de Callot et encore plus monstrueuses ; ils ramassent tous les gueux de quelque âge et figure qu'ils soient [36].

Un an plus tard Bâville n'est pas plus satisfait :

Il y a certainement dans nos troupes une indolence qui me donne bien du souci[37].

Et les officiers ne valent guère mieux :

Nous avons les plus mauvais officiers qui soient en France et les plus paresseux. M. de Montrevel leur a inspiré cette paresse dont ils ne peuvent revenir[38].

L'intendant est en effet plus sévère encore pour le commandant en chef :

Je ne crois pas qu'il y eut un homme en France plus incapable de cet emploi, c'est à proprement parler une girouette [...], le premier qui l'empaume le gouverne vingt-quatre heures [...], il est menteur au souverain degré [...]. Ce qui me surprend le plus de lui c'est la crainte continuelle où il est d'être tué, il a toutes sortes de faiblesses, la salière, la lune du côté gauche [...], il faut espérer que le mal finira par lui-même, mais il ne faut pas croire que ce soit par la tête ni la main de cet homme. C'est un grand malheur quand on a choisi un homme inhabile et sot[39].

Bâville reflète là une opinion générale qui transparaît à travers de multiples Mémoires à la Cour[40]*. Et de fait, Montrevel ne cache pas sa répugnance à agir, dans la mesure où il ne croit plus à l'efficacité des courses des troupes royales. Il le reconnaît dans une lettre, au début de 1704 :*

J'avoue que c'est une chose pitoyable de ne pouvoir empêcher ces canailles de faire ainsi ce qu'il leur plaît, mais au bout du compte, à moins d'avoir autant de garnisons qu'on a de métairies, il est impossible d'éviter les meurtres et les incendies de surprise[41].

En réalité, comme la plupart des hommes de guerre, Montrevel et ses officiers sont complètement désarmés face à la guérilla. Ils utilisent alors les moyens traditionnels en pareil cas : considérer tous les protestants indistinctement comme complices des Camisards. Dès les premiers temps, c'est la pratique courante des troupes royales ; un notable de Saint-André-de-Valborgne s'en plaint :

En passant par le pays, elles pillent, elles battent, elles saccagent tout avec une cruauté horrible ; elles enchaînent, elles emprisonnent indifféremment tous ceux qu'elles attrapent et les punissent rigoureusement sans certitude s'ils sont innocents ou coupables... et la seule qualité de Nouveau Converti suffit pour n'ajouter aucune foi à ce qu'il doit, quoique souvent il fasse les fonctions de très bon catholique et qu'il soit plus zélé pour le service du Roi que celui qui le persécute[42].

Avec Montrevel, le principe est officiellement légalisé : peu après son arrivée, il publie une ordonnance qui place tous les prêtres, ecclésiastiques, religieux, anciens catholiques, sous la garde des habitants Nouveaux Convertis des communautés. *S'il leur arrive un malheur* ces communautés en seront responsables *et* elles seront brûlées et entièrement détruites le lendemain[43]. *Ce qui est le meilleur moyen de multiplier les Camisards ! En désespoir de cause, nous l'avons vu, on décide de dépeupler entièrement les Hautes Cévennes, de brûler les maisons, de démolir fours et moulins :* Ne trouvant plus à subsister dans un pays désert ils [les Camisards] seraient forcés de l'abandonner et de se jeter dans les endroits où les troupes pourraient les joindre[44]. *Là encore, le premier résultat est de décider ceux qui étaient encore hésitants à rejoindre le camp camisard, comme le note Élie Marion :*

Malgré tout cela, il y eut un grand nombre de familles qui aimèrent mieux encourir les rigueurs des Ordonnances, abandonner leurs maisons et se retirer dans les déserts avec ce qu'ils pouvaient sauver de leurs familles et de leurs meilleurs effets. Ils habitaient de caverne en caverne, selon qu'on était poursuivis. Les rigueurs des saisons, la disette, ni les autres souffrances ne les étonnaient point ; au contraire, ils louaient Dieu avec nous et bénissaient son grand nom de ce qu'il repaissait abondamment leurs âmes de sa divine parole, s'estimant heureux d'être appelés à souffrir quelque chose pour l'amour de lui. Ces pauvres gens cueillaient des fruits de la terre autant qu'ils pouvaient, ils ne s'épargnaient point, et nous faisaient part du peu qu'ils avaient [45].

Et les révoltés continuèrent à faire du pain, malgré ces destructions :

J'ai dit que l'ennemi avait détruit les moulins et les fours de la campagne ouverte, mais en quelques endroits particuliers, de nos amis les avaient prévenus ; ils avaient démonté les moulins et enterré les meules, et lorsque nous avions du grain pour moudre, dans quelques heures de temps on avait remonté les moulins, qu'on remettait dans leur cache comme auparavant. Les ennemis n'avaient pas touché aux chaussées ni aux écluses parce que, d'ailleurs, les eaux servaient à arroser les prés. Il y avait des fours qu'on n'avait fait que crever ; nous avions des maçons parmi nous qui les avaient bientôt mis en état de servir, et lorsque nous savions que des troupes devaient passer de ce côté-là nous remettions les fours dans l'état qu'eux les avaient laissés. Par ces moyens-là nous avions souvent du pain, outre ce que nous recevions de la part de ceux qui n'avaient pas été brûlés dans d'autres diocèses[46].

Ne sachant plus que faire et lasse des plaintes continuelles qui lui étaient adressées, la Cour décida de remplacer Montrevel devenu bouc émissaire de l'inefficacité de la politique suivie, après la défaite du régiment de Marine au Devois de Martignargues. Elle fit alors appel à un soldat prestigieux : le maréchal de Villars. Et brusquement tout changea...

5

De la guerre à la légende

En mars, la puissance des révoltés semble à son apogée ; trois mois après, le plus prestigieux des chefs camisards s'est soumis et la division s'est installée dans le camp des révoltés ; encore trois mois, et les derniers Camisards se rendent. Ce déclin si proche de la plus grande réussite n'est cependant pas surprenant si l'on considère les conditions mêmes de la révolte.

LE TEMPS DES REVERS

Le succès de Cavalier l'entraîna à des imprudences ; il se manifestait de plus en plus au grand jour, sans prendre les précautions habituelles. De son côté, avant son départ, Montrevel voulait prouver qu'il avait été calomnié. A son tour, il utilisa la ruse et il attira le chef camisard dans un piège, en lui faisant espérer une nouvelle victoire facile. En rase campagne, la supériorité des troupes régulières nombreuses était prévisible. Un prêtre de l'Oratoire, le père Girard, habitant Pézenas, a écrit au père Léonard une longue lettre-chronique sur les événements du printemps 1704. Il sera l'un de nos guides principaux dans la dernière phase du conflit. Il décrit d'abord la défaite de l'ancien garçon boulanger, tout en reconnaissant la valeur militaire de celui-ci :

Le 16 avril, ayant eu avis qu'un gros corps de mécontents était entre Nîmes et Nages à demi-lieue de Calvisson, il [Montrevel] donna ordre à M. de Grandval qui commande à Lunel, de rassembler le plus de troupes qu'il pouvait, de s'avancer à la vue des Camisards et d'envoyer au-devant d'eux quelques compagnies de dragons pour les amuser et les attirer dans la plaine. D'autres troupes eurent aussi ordre de les attaquer en même temps par-derrière, en descendant par le penchant de la montagne. Tous ces ordres furent exécutés avec un bonheur surprenant. Quatre-vingts dragons du détachement de M. de Granval commencèrent le choc en se battant en retraite, on les renforçait de temps en temps de quelques compagnies de Fimarcon : cependant deux bataillons de Charollais s'avancèrent et rangèrent en bataille derrière eux. Aussitôt, tous les dragons s'ouvrirent et les bataillons marchèrent en bel ordre contre les mécontents. Après avoir essuyé leur première décharge, nos gens firent la leur, et ayant ensuite mis la baïonnette au bout des fusils, ils se jetèrent sur ces malheureux dont ils firent un grand carnage. Le reste fut obligé de gagner la montagne, mais ils y trouvèrent un autre corps de nos troupes qui donnèrent vigoureusement sur eux. Se voyant ainsi entre deux feux, ils tâchèrent de se sauver, mais M. de Montrevel, les ayant rencontrés avec un nouveau corps de 600 hommes, en fit périr un très grand nombre, et si la nuit ne fût venue, il les eût entièrement défaits. Les mécontents étaient plus de 1 900 hommes. C'étaient les troupes de Cavalier et de Catinat qui s'étaient jointes ensemble. 400 étaient sans armes. Nous ne perdîmes dans cette occasion que peu de soldats et nous leur tuâmes près de 1 100 hommes. Nous leur prîmes aussi 180 chevaux et plus de mille fusils et mousquets. Cavalier se battit en homme de cœur ; il fit voir qu'il entend parfaitement la guerre après avoir eu deux chevaux tués sous lui, il démonta un de ses gens et prit la fuite. Un de nos dragons le poursuivit et lui tira un coup de carabine qui le manqua. L'autre sans se troubler fit volte-face et lui déchargea un coup de mousqueton qui jeta son cheval par terre[1].

On peut contester les chiffres de perte mais non l'ampleur de la défaite, la plus funeste qui nous fût encore arrivée, *témoigne Bonbonnoux*[2]. *Peu après, une nouvelle catastrophe attendait Cavalier :*

Le 22 du même mois, M. de La Lande, lieutenant général qui commande à Alais, rencontra à Euzet les tristes restes de la troupe de Cavalier. Il donna dessus vigoureusement et laissa sur la place 100 hommes, il leur prit 80 chevaux ou mulets et tous les bagages qu'ils avaient pu ramasser. Il découvrit aussi dans un bois une caverne où ces rebelles tenaient tous leurs vivres avec leurs munitions. Il y avait des moulins à bras pour moudre du grain, deux tonneaux d'eau-de-vie, de la chair salée, des draps de lit, et mille autres choses[3].

Ces dernières pertes étaient aussi graves que la défaite militaire. On n'était pas loin du temps de la soudure où les greniers seraient vides, d'autant plus que la récolte de 1703 n'avait pas été excellente, à la fois pour des raisons climatiques et à cause des troubles. La reconstitution des réserves de vivres risquait donc d'être une entreprise fort délicate.

LA NÉGOCIATION DE CAVALIER

Sur ces entrefaites, arrive le maréchal de Villars qui mêle habilement poursuite rigoureuse et promesse d'amnistie si les Camisards viennent se rendre. Avec l'aide de Bâville, il cherche à entrer en contact avec le chef malheureux par l'intermédiaire de son ancien maître, Lacombe. Écoutons le père Girard raconter cette négociation. Il commence par un portrait de Cavalier, non exempt des légendes catholiques traditionnelles, mais qui révèle une certaine admiration pour l'ancien « mitron » :

Il [Cavalier] se voyait chef d'un nombre considérable de rebelles parmi lesquels son adresse jointe à son grand génie le rendait absolu. Il savait qu'on parlait de lui dans toute la France, il recevait des royaumes étrangers des lettres fréquentes, ce qui flattait son ambition. On lui faisait toucher d'autant plus d'argent qu'il pourrait souhaiter pour entretenir sa nombreuse troupe. Il pouvait la grossir autant qu'il voulait. Quand il recevait quelque échec, il n'avait qu'à jeter les yeux sur son catalogue et donner ordre de faire venir les nouveaux catholiques qui y étaient écrits, aussitôt il les voyait arriver des différents villages, toujours prêts à s'exposer aux plus grands périls, sans jamais penser à s'en retourner qu'ils n'eussent fait quelque expédition. Tout cela inspirait à ce jeune homme une extrême fierté. Il n'avait garde [d']écouter les sages avis de son ancien maître ; mais enfin étourdi des dernières pertes qu'il a faites et lassé de tant de meurtres dont il avait ensanglanté ses mains, il s'est montré depuis plus traitable.

Alors intervient Lacombe :

Le voilà enfin entremetteur entre M. de La Lande et Cavalier. Il parle plusieurs fois à l'un et l'autre et en moins de trois jours, il leur ménage une conférence tête à tête. Tout ceci cependant se passait sans que les Camisards en eussent le moindre vent. Le soir de la veille du jour assigné pour l'entrevue, ils firent à l'ordinaire leurs prières tous ensemble, après quoi, prenant un ton de maître, il leur parla en ces termes : « Je vous apprends MM., leur dit-il, que demain je dois m'aboucher avec M. de La Lande. C'est un honnête homme incapable de trahison. Vous êtes surpris de mon dessein, je le vois à votre contenance, mais n'appréhendez rien. C'est l'Éternel qui me l'inspire. Les seuls intérêts de notre religion me font agir. Rassurez-vous, il n'y aura point de surprise. Nous irons avec 400 hommes et M. de La Lande ne viendra qu'avec 20 dragons. Le lendemain qui fut le 12 de mai, tout s'exécuta de la sorte. Environ sur les 10 heures du matin, Cavalier se rendit avec sa nombreuse escorte au milieu d'une plaine auprès d'Alais où il mit tous ses gens en forme de bataille. M. de La Lande y arriva peu de temps après, escorté de 20 dragons seulement, comme l'on était convenu. Ils s'avancèrent tous deux jusqu'à un pont où Cavalier mit, le premier, pied à terre, après quelques compliments, ils s'asseyèrent à l'ombre d'un petit rocher et eurent ensemble une conférence de trois heures. Cavalier témoigna beaucoup de repentir d'avoir paru rebelle à son prince. Il prit pour excuse son attachement sincère à la Religion et les rigueurs excessives qu'on avait exercées contre ceux de son parti. Il tâcha de se disculper sur les meurtres et les incendies qu'avait faits sa troupe, il assura que tout chef de parti qu'il était, il n'avait eu nulle part dans toutes ces barbaries. Il ajouta qu'il n'avait jamais attaqué les troupes du Roi et qu'il n'avait fait que se défendre de son mieux quand il en avait été attaqué : qu'enfin, il défiait toute la terre de le convaincre du contraire. Après plusieurs autres discours sur un accommodement général, il fut conclu que Cavalier se tiendrait en repos et attendrait les ordres de sa Majesté. M. de La Lande eut lieu d'admirer son vaste génie. Il lui promit de le faire aboucher avec M. le Maréchal. Avant de se séparer de lui, il vit faire les exercices de cavalerie et avoua ensuite que les troupes du Roi ne les faisaient pas mieux[4].

Bien entendu, Cavalier ne reconnaît pas avoir eu cette attitude d'humilité. Il affirme avoir maintenu ses exigences sans avoir fait le moindre acte de soumission :

Après nous être salués, M. de La Lande me dit que le Roi, par un effet de sa clémence, désirait mettre fin à une guerre avec ses sujets, que ses ennemis avaient fomentée et qui ne pouvait que causer la ruine de son royaume. Il me demanda ensuite quelles étaient mes plaintes et mes demandes. Je lui répondis que ma première demande était la liberté de conscience ; la seconde, l'élargissement de tous les prisonniers et de tous les galériens pour cause de religion ; la troisième que, dans le cas où la liberté de conscience nous serait refusée, permission nous fût donnée de quitter le royaume.

Cette dernière proposition lui parut plus facile à accorder, aussi me demanda-t-il combien de personnes je voudrais emmener avec moi hors du royaume. Dix mille de tout sexe et de tout âge, fut ma réponse.

Il ne s'attendait pas à un si grand nombre ; cependant, il me dit que l'on pourrait m'en accorder deux mille, mais que l'on ne consentirait jamais à accepter le chiffre que je demandais. Je continuai en lui disant que je désirais un laissez-passer pour dix mille personnes, avec un laps de temps de trois mois, pour vendre ou engager nos biens et que, dans le cas où le Roi ne voudrait pas nous permettre de quitter le royaume, il nous rendît nos édits et nos privilèges comme par le passé.

Le général me répondit qu'il donnerait un récit de

notre entretien au Maréchal et qu'il regrettait vivement que nous n'eussions pu aboutir à aucune résolution précise[5].

Malheureusement pour le chef camisard, la lettre qu'il a signée en présence de La Lande est plus proche de la version du père Girard :

Écrit fait par Cavalier et ceux de sa troupe
en présence de M. de Lalande

En présence de M. le marquis de La Lande, Jean Cavalier supplie très humblement Sa Majesté de lui accorder, et à tous ceux qui ont été avec lui, un pardon et amnistie de leur faute, d'avoir la bonté aussi de pardonner à ceux qui ont été aux assemblées et de vouloir bien lui permettre de sortir du Royaume avec les quatre cents dont on donnera un mémoire, et d'avoir aussi celle de leur donner des routes pour les conduire hors de son Royaume ; d'avoir aussi la bonté de permettre à ceux qui voudront le suivre outre ce nombre, de les laisser sortir avec lui, lesquels s'en iront à leurs dépens et sous les passeports que nous supplions Sa Majesté de leur accorder, et aussi d'avoir la bonté et charité de donner la liberté à tous les prisonniers qui sont détenus pour pareil cas.

Nous implorons la clémence, la bonté et la charité de Sa Majesté et lui demandons très humblement pardon de lui avoir pu déplaire, et promettons dès à présent de ne plus rien faire qui lui puisse déplaire, et prions M. le marquis de La Lande de vouloir bien supplier le maréchal de Villars de nous être favorable pour nous faire obtenir la très humble prière que nous faisons à Sa Majesté, et nous sommes soussignés[6].

L'HUMILITÉ D'UN « VIL SUJET »

Cependant, dans cette requête, Cavalier formulait encore des demandes précises. Il n'en est plus de même le lendemain. Et ici, intervient un autre négociateur, le baron d'Aigaliers. Gentilhomme nouveau converti d'Uzès, il était écartelé entre sa fidélité au Roi et sa solidarité religieuse. Quel meilleur moyen de concilier les deux exigences, s'il réussissait à amener les rebelles à déposer les armes, tout en leur ménageant une amnistie ! A cette fin, il rencontre Cavalier, le 13 mai. Et il obtient ce que La Lande n'avait pas pu obtenir : une reddition sans condition où selon la meilleure tradition des révoltes populaires, le chef camisard se remet entièrement à la grâce royale[7] *:*

Lettre de Cavalier au Maréchal de Villars

Monseigneur,

Quoique je me suis donné hier l'honneur de vous écrire, je ne saurais m'empêcher de recourir encore à celle-ci à Votre Grandeur, pour vous supplier très humblement de m'accorder la grâce de votre protection pour moi et pour ma troupe qui brûlons tous, d'un zèle ardent, de réparer la faute que nous avons commise de prendre les armes, non point contre Sa Majesté comme nos ennemis nous ont voulu imputer, mais pour défendre nos vies contre nos ennemis qu'ils ont attaquées, avec une si grande animosité, que nous n'avons pas cru que ce fut par ordre de Sa Majesté.

Si malgré ces protestations très sincères, le Roi demande notre sang nous serons prêts, dans très peu de temps, de remettre nos vies à sa justice ou à sa clémence. Nous nous estimerons très heureux, Monseigneur, si Sa Majesté touchée de notre repentir, à l'exemple de la divinité dont il est l'image vivante sur la terre, veut nous faire la grâce de nous pardonner et de nous recevoir à son service. Nous espérons que, par notre fidélité et notre zèle, et sous un illustre et clément général comme vous-même, nous ferons notre plus grande gloire d'hasarder notre sang et notre vie pour le service de Sa Majesté et de pouvoir par là me rendre digne de me dire avec un profond respect Monseigneur,

Votre très humble, très obéissant et très redevable serviteur[8].

Nous reconnaissons là la position classique des pasteurs et des notables du XVII*e siècle sur la soumission absolue au Roi. Le texte n'a pas évidemment été composé par Cavalier, mais il l'a accepté. Quelle différence de ton avec la lettre écrite au Désert, treize jours auparavant :*

Monseigneur,

Ayant appris que vous n'étiez pas informé de notre demande, quoique plusieurs fois nous en avons donné avis à la Cour, mais nous craignons que ces avis ont été cachés à Sa Majesté et à votre Grandeur, j'ai voulu mettre derechef la main à la plume pour vous supplier d'accepter cette demande, pour le bien et la prospérité du Royaume, qui est la liberté de notre conscience et la délivrance des prisonniers et de tant de galériens qui souffrent injustement pour avoir voulu soutenir la vérité.

Aussi nous sommes massacrés pour prier Dieu, comme si c'était une chose mauvaise de servir Dieu selon la pureté de son Évangile, ou comme si nous eussions voulu contredire à l'État, mais au contraire nous avons exécuté toutes les commissions que de fidèles sujets puissent faire. Après cela nous avons toujours imploré sa bonté, mais les ministres de l'Église romaine ont toujours imploré sa colère à l'encontre de nous afin de détruire la vérité quoique souvent nous avons supplié Sa Majesté, ou ses sujets, de nous laisser sortir du Royaume ou de nous laisser assembler dans le désert, mais on ne nous l'a jamais voulu accorder, bien au contraire. On a pillé nos biens, démoli nos maisons, on nous a exposés aux souffrances les plus cruelles du monde et, voyant cela, nous nous sommes assemblés, non point pour résister à Sa Majesté, mais pour nous défendre contre ceux qui ont voulu nous empêcher de prier Dieu.

Sa Majesté nous permettra de dire que, si on ne nous accorde cette demande, nous souffrirons plutôt toutes les souffrances qu'il plaira à Sa Majesté de verser sur nous plutôt que d'abandonner notre foi. Et, si Sa Majesté nous permet cette liberté, nous promettons de vaquer à son service, car ce n'est pas que nous aions pris les armes pour acquérir un royaume ou quelques richesses, mais c'est notre conscience et notre propre salut qui nous y a portés à faire cette défense contre ceux qui nous ont voulu détourner de la vérité[9].

Un tel revirement en si peu de temps surprend. L'explication est cependant assez simple. Sorti du climat prophétique, l'ancien mitron ressent son infériorité sociale. Il se retrouve vilain face à son seigneur et la force des hiérarchies le conduit à oublier ce qu'il avait toujours dit et même ce qu'il avait réussi à sauvegarder la veille.

Ce mécanisme est parfaitement mis en valeur dans le récit qu'Aigaliers fait au ministre de la Guerre :

Cavalier vint me trouver à Saint-Jean-de-Ceyrargues. Nous entrâmes en conférence ; j'approuvai qu'il se fût adressé à M. de La Lande, mais je désapprouvai ce traité : je lui représentai que la religion pour laquelle il disait combattre, condamnait et que s'il voulait faire connaître son repentir il fallait se soumettre à son légitime souverain sans condition ; qu'il devait reconnaître qu'un vil sujet ne devait point traiter avec son légitime souverain, mais que n'étant qu'un pauvre paysan sans éducation, il n'avait pas connu ce que je lui faisait sentir. Il écrivit là-dessus à M. le maréchal de Villars [10].

LE PIÈGE

Lettre terriblement accusatrice pour le gentilhomme lui-même : aveuglé par son conformisme politique et ses préjugés sociaux (sans parler peut-être des rivalités de négociateurs), le baron avait compromis, sans le vouloir, les avantages conservés à la première rencontre. Il avait entièrement fait le jeu des autorités, comme le souligne Villars au Ministre :

Le sieur d'Aigaliers, qui avait passé la journée entière avec Cavalier, me rapporta la lettre que vous trouverez ci-jointe en original. Je vous supplie, Monsieur, de me la renvoyer car, comme il l'a signée en présence de sa troupe, il est bon de pouvoir la lui remontrer. Vous la trouverez bien plus forte que le premier écrit, car, par celle-là, il ne fait aucune condition. Elle n'est pas du style de Cavalier et j'y ai trouvé un peu de celui du sieur d'Aigaliers, lequel ne m'a pas désavoué qu'il eût aidé à la composer [11].

A partir de là, Cavalier est définitivement lié, d'autant plus que Villars sait flatter sa vanité et son goût du panache. Il le reçoit en personne à Nîmes le 17 mai : grand événement pour toute la province que cette entrevue entre un ancien garçon boulanger et un maréchal de France ! Une foule se presse pour le voir passer. Voici le récit que nous en a laissé le père Girard, toujours aussi élogieux pour son héros, peut-être dans le but de rehausser le mérite de Villars :

Il était accompagné de 40 gardes qui étaient toujours auprès de sa personne. Ils étaient fort lestes et tous bien montés. Une foule de peuple sortait des villages voisins et courait après, attirée par la curiosité. Cavalier arriva sur les onze heures du matin. Tous ses gardes mirent pied à terre sur la place publique. Ils prirent leurs pistolets et les tinrent sous le bras. Catinat qui en était le Capitaine, se rendit chez les Récolets, ce fut pour y annoncer l'arrivée de son maître à M. le Maréchal qui y était allé entendre la messe et qui était alors dans le jardin. Cavalier le suivit peu de temps après. Il était conduit par M. de La Lande et par un autre gentilhomme nommé d'Aigaliers. Il se présenta à M. de Villars avec un air assez fier. Il lui fit la révérence et mit à ses pieds son épée avec ses deux pistolets qu'il avait sous le bras. Il les reprit presqu'aussitôt par ordre de M. le Maréchal. Il eut avec lui une conférence de près de deux heures. Il y fit paraître beaucoup de prudence et de grandeur d'âme. Il dit entre autres choses que nonobstant toutes ses pertes, il avait actuellement dix mille hommes à son service et des vivres pour six mois. Il ajouta que quand ses troupes avaient reçu quelque échec, elles avaient toujours été remplacées par des nouvelles, dès le soir même. Il protesta hautement qu'il se rendait sans autre condition que celle d'implorer la clémence du Roi, qu'il répondait de tous les autres chefs et qu'il demandait à Sa Majesté pardon et une amnistie générale tant en son nom qu'en celui de tout son parti. Il fit entendre que, puisqu'il n'y avait pas d'apparence d'obtenir du Roi la liberté de conscience, il espérait de sa bonté royale la permission de sortir du Royaume avec 400 hommes choisis dont 200 passeraient par Genève et 200 par Le Vieux-Brisac. Il ajouta néanmoins qu'il se soumettait aveuglément à tout ce que Sa Majesté voudrait lui ordonner et qu'il s'estimerait heureux de pouvoir servir en France avec 1 500 de ses meilleurs soldats, tandis que les autres personnes de son parti demeureraient tranquilles dans le pays. M. le Maréchal parut fort content de ces propositions. Il lui témoigna qu'il ferait bien de se retirer à Calvisson avec sa troupe jusqu'à l'arrivée des ordres de la Cour. Il lui fit signer une requête adressée au Roi par laquelle il lui demandait une amnistie générale, promettant de se soumettre à tout ce qu'on lui ordonnerait [12].

Là encore, le récit de Cavalier diffère de ce compte rendu sur le point capital de la liberté de conscience et, une fois de plus, c'est la version de Cavalier qui doit être rejetée :

J'exposai alors mes demandes de vive voix et lorsque je l'eus fait : « Vous insistez, me dit-il, sur la liberté de conscience, le Roi vous l'accordera, vous pourrez vivre comme il vous conviendra. Il veut aussi vous permettre de vous réunir et d'avoir le culte à votre manière, mais non pas de construire des temples. Vous devez être satisfaits, ayant pris les armes contre Sa Majesté, et reconnaître la preuve de sa grande clémence [13]. »

Cet embellissement de la réalité est normal : c'est le moyen d'échapper au terrible reproche d'avoir trahi la cause de la foi, par légèreté et vanité. Le coupable devient Villars qui n'a pas respecté sa parole. Soyons justes, cependant, certaines phrases ambiguës du Maréchal pouvaient prêter à confusion, telle la déclaration aux

Nouveaux Convertis : « Adorez Dieu suivant l'opinion que vous avez; si vous croyez le devoir, adorez-le dans votre cœur[14] *», autrement dit pratiquez le culte intérieur. Et dans l'atmosphère qui suit l'entrevue de Nîmes, la formule pouvait être interprétée d'une façon beaucoup plus large. Car à Calvisson c'est une tolérance qui fut accordée, comme le reconnaît le père Girard :*

Ils s'attroupèrent bientôt au nombre de trois mille à qui deux commissaires de vivres avaient soin de fournir aux dépens du Roi tout ce qui leur était nécessaire. Pendant dix jours qu'ils demeurèrent à Calvisson, ils furent visités par tous les Nouveaux Convertis des villages voisins. Ceux-ci en frères charitables leur donnèrent de l'argent avec une extrême libéralité : ils leur apportaient en abondance toutes sortes de rafraîchissements. On faisait publiquement le prêche et le jour et la nuit. Quoique cela ne plût pas beaucoup à M. de Villars, il faisait néanmoins l'aveugle là-dessus, il était bien aise d'attirer par ce moyen quelques petites bandes de Camisards qui étaient commandées par Castanet et qui voltigeaient autour de Calvisson, sans penser à quitter les armes[15].

Pour tous les protestants, c'est en effet une grande joie, tout se passe comme si l'édit de Nantes était rétabli. Ce bourgeois de Calvisson, dont Antoine Court a recueilli le journal, en apporte un témoignage d'autant plus précieux qu'il était réservé sur le prophétisme à ses débuts :

Il y avait beaucoup de monde et de gens de biens, *écrivait-il à la fin de 1702,* qui ne croyaient pas à la prophétie, à cause qu'ils disaient que Dieu n'avait pas commandé de tuer et de brûler.

Or le voilà enthousiaste en mai 1704 :

On était toujours en prière et aussi tout le monde se rendait attentif aux prédications. On ne pouvait pas voir les quatre coins de Calvisson sans grande quantité de monde avec ses Psaumes à la main. On voyait partout dans les rues prier Dieu, on entendait dans toutes les maisons chanter des psaumes, jour et nuit, on n'avait crainte de rien, tout le monde était fort content, croyant que cela durera toujours [16].

CAVALIER DÉSAVOUÉ

Mais l'équivoque est bientôt levée, lorsque le courrier revient de Versailles accordant tout pouvoir à Villars de régler l'affaire soit en permettant aux Camisards de passer à l'étranger, soit en les enrôlant, mais à condition de les disperser : il n'était pas question de créer un régiment camisard dont Cavalier prendrait la tête. La déception du chef était grande, mais elle s'accrut encore quand il vit la réaction de ses compagnons. Jusqu'alors en effet, il était resté dans le vague. Bonbonnoux qui fit pourtant partie de l'escorte lors de la première rencontre avec La Lande, le confirme :

Quelles furent leurs délibérations ? C'est ce que nous ne sûmes jamais à fond, Cavalier nous en faisant un mystère (il nous dit seulement en nous approchant : « Enfants, si vous avez des parents prisonniers, déclarez-le-moi et je vous promets de vous les faire revenir bientôt [17] »).

Il n'avait même pas averti Roland de ses contacts avec les autorités. Aussi, tandis qu'il négociait dans la plaine, celui-ci tendait une embuscade victorieuse au Plan de Fontmort dans les Hautes Cévennes : un lieutenant-

colonel et un subdélégué furent tués. Ensuite, il resta dans le vague au point que les autres chefs étaient partagés entre la méfiance et l'espérance d'obtenir la liberté de conscience. Quand il revint de Nîmes, il dut avouer la vérité. Ce fut la colère. Brutalement le crédit du vainqueur du Devois de Martignargues s'effondrait. Le récit de Bonbonnoux est d'autant plus significatif que le brigadier de Cavalier avait beaucoup d'attachement pour son chef. Malgré la rupture, il ne peut s'empêcher d'évoquer avec nostalgie le passé commun :

Cavalier, après s'être fait longtemps attendre, arriva enfin, mais non pas sans avoir traité avec le maréchal de Villars. Dès qu'il arriva à la troupe, nous voulûmes savoir quels étaient les articles du traité qu'il venait de faire mais ne jugeant pas à propos de nous le dire, nos principaux le pressèrent (Ravanel, Jonquet, Clary, etc., qu'on appelait Anciens, au nombre de douze, qui assistaient à tous les Conseils) en sorte qu'il fut obligé de déclarer qu'à Nîmes on faisait des habits rouges, et qu'on nous destinait pour le Portugal. Quelle proposition pour des gens qui s'attendaient à entendre dire qu'on accordait à toutes les églises de France la liberté de conscience ! Autant que cette proposition nous surprit, autant elle nous révolta, et oubliant tout d'un coup que Cavalier nous avait commandés et que nous lui avions obéi à peu près comme à Dieu lui-même, nous lui tournâmes le dos ; et marchant sous la conduite de Ravanel, nous gagnâmes le chemin des Cévennes. A cette résolution, la surprise de Cavalier égala pour le moins la nôtre. Au désespoir de se voir ainsi abandonné, il vint après nous. Nous ayant rejoints à trois quarts de lieue de Calvisson, il nous demanda la grâce d'attendre qu'il eût écrit une lettre (j'ai toujours cru qu'il écrivit de là au maréchal de Villars pour lui donner avis de ce qui venait d'arriver), pendant qu'il était occupé à l'écrire, nous fîmes la prière publique (ce fut Moïse qui fit la prière). En vain il nous dit : « Hé bien, vous le voulez ainsi, défendez-vous bien, vous aurez bientôt les Dragons sur vous. » C'est ce que j'entendis distinctement, entre Saint-Étienne et Combas, de sa propre bouche. Nous ayant suivis jusques au-dessus de Cannes inutilement, il voulut arracher de force d'entre les mains de Pierre, de Gallargues, une belle jument (Pierre de Gallargues avait gagné cette jument à la grande journée de Nages, et par complaisance il l'avait cédée à Daniel Guy, mais à Calvisson Pierre de Gallargues, jugea à propos que, puisque Daniel Guy suivait Cavalier, il pouvait reprendre sa jument). Comme Pierre n'était pas d'avis de se dessaisir d'un bien qu'il regardait comme sien, Cavalier osa le prendre par les cheveux ; c'est ce qui nous surprit beaucoup. Cependant, après quelques contestations, nous exhortâmes ledit Pierre de céder enfin ce qu'on lui demandait ; c'est ce qu'il fit. Cavalier après cela prit son chemin du côté d'Anduze avec 27 ou 28 hommes qui trouvèrent bon de suivre, et nous prîmes le nôtre du côté de Bragassargues. Comme j'étais à la tête de la troupe, je n'entendis point les dernières paroles qui se dirent de part et d'autre ; le soir même nos gens me rapportèrent que Cavalier avait dit en se séparant : « Qui m'aime, qui me suive ! » et que là-dessus plusieurs, par un retour de tendresse pour lui, avaient fait mine d'aller après lui, ce qui étant aperçu par Moïse il avait crié : « Vive l'Épée de l'Éternel ! » et que la voix dudit Moïse avait produit un si subit changement dans ceux qui l'entendirent qu'il n'en eut aucun de tous ceux qui avaient paru vouloir suivre Cavalier qui ne lui tourna à l'instant la face. C'est ici la dernière fois que j'ai vu le commandant pour lequel j'ai toujours une grande considération. Deux fois, il nous avait menacé de nous abandonner pour n'avoir pas promptement obéi à certains ordres particuliers qu'il nous donnait ; mais nous ne lui avions pas sitôt donné des marques de notre repentir qu'il se rendait à nos empressements. La première fois, nous étions du côté de Saint-Maurice-de-Cazevieille, dans un enfoncement où nous faisions collation et où nous menions plus de bruit qu'il n'en aurait souhaité, après nous avoir exhorté à nous taire, et voyant que nous parlions toujours, il monta à cheval et nous dit qu'il nous abandonnait. L'autre fois, nous étions du côté d'Aigues-Vives, où après avoir coupé un arbre où l'on avait eu pendu un protestant et brûlé l'église, quelqu'un du lieu se plaignit que quelqu'un de nous avait pris quelque paire de souliers sans la payer. Cavalier après nous avoir fait des reproches dit qu'il nous quitterait. Et je n'ai jamais effacé de ma mémoire une de ses paroles qui me toucha beaucoup : craignant que le temps devînt si mauvais que nous ne puissions pas subsister dans notre patrie, il nous dit : « Mes enfants, si nous en venons jamais là, je vous promets de vous conduire tous dans les pays étrangers[18]. »

Après d'autres tentatives infructueuses pour rallier de nouveaux fidèles, Cavalier accompagné de 100 hommes quitta à la fin juin la province. Il passa à Versailles où il affirma avoir rencontré le Roi, puis, conscient de la méfiance qui l'entourait, il s'enfuit en Suisse.

Roland, qui avait un moment hésité à suivre la voie de Cavalier — il avait demandé plusieurs trêves —, se décide à poursuivre le combat surtout après le passage de Tobie Rocayrol, l'envoyé des puissances alliées, qui avait fait de nouvelles promesses. Mais il est trahi. Surpris dans un château près d'Uzès, il est tué le 13 août. Sa disparition marque la fin des espérances des combattants :

Sa mort fit une grande révolution dans nos affaires, reconnaît Bonbonnoux. Tel qui sans elle aurait soutenu longtemps encore dans le parti, profitant de l'amnistie que le Roi avait accordée, s'allait remettre entre les mains de l'ennemi et poser les armes[19].

LA FIN DE L'AVENTURE

A partir de là, les groupes camisards se disloquent peu à peu. Individuellement ou par groupes, ils se rendent aux autorités. Certains hésitent longuement, tels Marion et ses compagnons. Au début, l'inspiration leur redonne courage à travers une vision de Mazel, nourrie d'Isaïe (XL-4) :

Vers la fin du mois d'août, nous trouvant avec la troupe à une demi-lieue de Valleraugue dans un pré à côté d'un cabaret appelé Bonperier qui est sur le grand chemin, le frère Abraham Mazel fut saisi de l'Esprit qui le jeta la face en terre, ayant sur lui les marques ordinaires de sa présence pendant tout le temps qu'il en fut saisi. Étant revenu à lui-même, il nous raconta que l'Esprit du Seigneur lui avait fait voir en vision tous les Camisards dispersés, dont il fut fort affligé, car il se trouva tout seul. Peu de temps après, l'Esprit lui présenta une autre scène bien différente de la première. Il se trouva sur les bords de la rivière de Sainte-Croix (Valfrancesque) dans les champs, d'où il vit accourir vers lui des troupes de Camisards avec leurs armes, et, ce qui lui parut de plus miraculeux, c'est que pour leur faire passage toutes les difficultés disparaissaient : les arbres s'abattaient, les rochers étaient renversés, les montagnes aplanies et les rivières se fendaient ou s'asséchaient. Alors, il se réjouit d'une grande joie car toutes leurs entreprises réussissaient.

La terreur, l'effroi marchaient devant eux, rien ne pouvait leur résister. Les événements sont en la main de Dieu, lui seul peut accomplir ces grandes choses[20].

Mais ensuite elle devient muette :

Nous n'avions point d'inspirations qui nous ordonnassent ni qui nous défendissent de mettre bas les armes ; nous étions dans un état plus triste encore que je ne puis décrire. Cependant nos pauvres troupes s'amoindrissaient tous les jours et ceux qui restaient sollicitaient sans cesse d'accepter les propositions qu'on nous faisait ; qu'il fallait temporiser et qu'un mauvais accommodement valait encore mieux qu'une entière défaite et qu'une totale destruction. Cela était fort raisonnable mais nous ne pouvions nous résoudre à délaisser une si bonne cause qui avait déjà coûté tant de sang et qui nous avait flattés d'une issue infiniment plus heureuse et plus glorieuse, d'autant que c'était par commandement de Dieu que nous avions pris les armes, et que nous craignions de lui désobéir en les quittant[21].

Sentant la fin proche, les troupes royales accentuent leur pression, les Camisards sont activement pourchassés, les régions où ils se réfugient dévastées. Un jour, Marion qui vient d'échapper à ses poursuivants, contemple de sa cachette ce spectacle affreux, *qu'il décrit avec beaucoup de sensibilité :*

Je vis poursuivre des paysans qui s'enfuyaient de leurs cavernes, on fouillait la terre pour découvrir des coffres que ce pauvre peuple avait enterrés, des tonneaux de vin, du blé, des châtaignes, etc. Ils en découvraient et puis ils se battaient entre eux pour le partage, faisant retentir l'air sur ces montagnes, sur les coteaux et les vallons, de leurs blasphèmes et de leurs imprécations, les uns d'un côté les autres d'un autre. On aurait dit que l'enfer s'était déchaîné pour exercer toute leur rage sur notre misérable contrée. Je les voyais, ces démons incarnés, courir après de petits troupeaux de moutons que la frayeur dispersait, comme si les soldats et les miquelets eussent été autant de loups ravissants. J'entendis encore les cris des cochons qu'on égorgeait pour les manger, ou pour les emporter plus commodément, et les aboiements des chiens qu'ils amenaient avec eux, par le moyen desquels ils découvraient souvent des cavernes, des personnes cachées et des meubles et autres choses enterrées. J'appris aussi ensuite qu'outre le pillage et le saccagement, ils avaient encore violé et massacré. Après ce que je viens de dire, l'on peut juger de l'état dans lequel je pouvais être. [Des] Frayeurs mortelles saisissaient mon cœur de temps en temps, mais quoique Dieu me laissât sans inspiration pour me déterminer à ce que je devais faire, je sentais pourtant un certain secours de sa grâce, qui me rassurait dans mes alarmes, et me disait de ne rien craindre, mais que je serais éprouvé[22].

Ce type d'action finit par avoir son efficacité surtout lorsque les Camisards ne purent plus exercer de représailles : la population qui jusqu'alors soutenait les combattants, les abandonne et leur demande de se rendre :

Et pour nouvelle principale, après m'avoir confirmé ce que mon père m'avait dit de Joini, ils me dirent qu'on leur avait envoyé une députation d'une trentaine d'hommes tant bourgeois que paysans, du nombre desquels était mon oncle du Vergougnioux, pour nous représenter les calamités dans lesquelles notre pauvre pays était, les cruautés, les désordres qui se commettaient à cause de nous ; qu'ils ne pouvaient éviter enfin de périr misérablement, vu que nous étions entièrement abandonnés de ceux dont nous attendions du secours ; que nous nous voyions frustrés de toutes nos espérances et réduits par la misère, le fer et le feu, et les supplices à un très petit nombre, incapables de nous-mêmes de résister au moindre effort des troupes du Roi : que nous devions imiter Cavalier, Joini et les autres sans plus différer, puisqu'il en était encore temps ; que Joini avait procuré la paix à plusieurs paroisses en se soumettant ; que ceux qui avaient échappé aux fureurs de cette cruelle guerre commençaient à s'y rétablir, et que nous ne devions pas croire qu'à l'avenir ils voulussent nous rendre aucun service pour s'attirer de nouveau les misères, le fer et le feu et toutes les calamités et les frayeurs dont ils se trouvaient maintenant affranchis[23].

Finalement privés de cet appui indispensable, Marion et ses amis cèdent et négocient leur reddition en octobre, parmi les derniers. Et comme Cavalier, ils ont le privilège de rencontrer Villars.

Dans cette dernière phase, ce qui auparavant était pour les révoltés une force — l'autonomie des troupes — était devenu une faiblesse. Au lieu de chercher une négociation d'ensemble, ce qui leur aurait donné un poids plus grand face aux autorités, ils s'étaient dispersés en discussions locales. Néanmoins ils obtiennent tous de pouvoir s'exiler, de rentrer chez eux sans être inquiétés ou de servir dans les troupes du Roi.

LES TENTATIVES ÉTRANGÈRES

La plupart des Camisards avaient préféré l'exil. Mais ils furent en général mal accueillis par leurs compatriotes déçus de leur petite mine *et choqués par le prophétisme. Aussi ne rêvaient-ils que de rentrer dans leur pays, ce qui faisait l'affaire des Alliés. Ceux-ci étaient enfin convaincus de l'intérêt d'une révolte dans les Cévennes, mais ils désiraient l'organiser selon des principes « rationnels » qui rallieraient le maximum d'opposants, catholiques et protestants, aussi bien dans la noblesse que dans les milieux populaires ; d'où l'élaboration d'un programme bien éloigné de la passion prophétique, où des thèmes politiques (rétablir les Parlements dans leurs prérogatives anciennes) et fiscaux (abolition des impôts) se mêlent aux revendications religieuses. Un bon exemple est fourni par le manifeste qui devait être répandu dans le Languedoc en avril 1705 lors de la première tentative de ce style :*

Nous protestons et déclarons devant Dieu, Souverain Juge de l'Univers, que toutes sortes de personnes, de quel ordre, religion et qualité qu'elles soient, qui ne se déclareront point nos ennemis directement ni indirectement contre nous, pourront en toute sûreté rester dans leurs maisons sans crainte d'y être inquiétées en aucune manière par nos troupes, et comme nous combattons pour une liberté commune à tous les bons Français, nous les exhortons à se joindre à nous, ou d'agir de concert dans la province qu'ils habitent, afin qu'en joignant leurs efforts aux nôtres, nous puissions dans peu de temps voir finir les calamités qui nous accablent.

Pour cet effet, après avoir invoqué le saint nom de Dieu, afin qu'il lui plaise de bénir et faire réussir nos justes entreprises, nous nous sommes juré mutuellement de n'entendre jamais aucun accommodement général ni particulier que les Parlements ni les Assemblées des États du royaume ne soient rétablis dans toute l'étendue de leurs anciennes prérogatives et autorité, la noblesse dans son lustre et le peuple déchargé de tous les impôts et autres charges contraires à sa liberté, et l'édit de Nantes rétabli sous la garantie de Sa Majesté britannique, de leurs hautes Puissances et autres Rois et princes protestants, afin que chacun, sans aucune contrainte, serve Dieu suivant les mouvements de sa conscience[24].

Dans cette optique, les chefs camisards devenaient des subordonnés de chefs nobles du Refuge, comme le marquis de Miremont.

Aucune de ces opérations ne menaça réellement la province. La première et la dernière furent les plus dangereuses. Au printemps 1705, le complot des enfants de Dieu *se proposait d'enlever Bâville et le successeur de Villars à la tête des troupes, le duc de Berwick. Bâville, averti, arrêta la plupart des conjurés parmi lesquels Ravanel et Catinat et les fit exécuter. Quatre ans plus tard, Abraham Mazel tenta de soulever le Vivarais. Il obtint d'abord quelques petits succès à l'été 1709, mais qui restèrent sans lendemain ; il dut ensuite se cacher ; il fut surpris et tué en octobre 1710. Cependant cette tentative qui, selon les consignes alliées, obéissait au modèle des « révoltes populaires », inquiéta fort Bâville pour cette raison :*

Je ne sais point encore ce que deviendra ce commencement de révolte et si nous pourrons l'apaiser. Elle me paraît bien mieux concertée que les autres en ce qu'on ne veut plus tuer les prêtres ni les anciens catholiques et qu'on veut au contraire les mettre dans le complot[25].

Visiblement, l'Intendant, comme le marquis de Miremont, n'avait toujours pas compris ce qui, beaucoup plus efficacement que les mobiles traditionnels, avait fait le dynamisme de la révolte et qui, absent des derniers troubles, les rendait sans danger.

*Ensuite la province n'entendit plus parler des Camisards. Cavalier, après avoir, en 1706, formé un régiment qui était destiné à pénétrer en Languedoc par la Catalogne mais qui fut entièrement décimé à la bataille d'Almanza, se débattait dans des difficultés financières en exil. Marion avait transporté le prophétisme en Angleterre, ce qui l'avait conduit à des démêlés avec les autorités. Aussi parcourait-il l'Europe pour convaincre les fidèles de la venue proche de l'*Esprit. *Les autres chefs importants avaient les uns après les autres été arrêtés et condamnés à mort. Une fois de plus, Bâville avait apparemment triomphé.*

UNE RÉVOLTE INUTILE ?

La révolte avait-elle donc été inutile pour les réformés français ? Bien plus, n'avait-elle pas conforté les autorités dans l'idée que le protestantisme était synonyme de désordre et de sédition justifiant a posteriori la Révocation ? Pour cette raison et d'autres déjà signalées au temps de la guerre, la majorité des protestants du XVIII*e* *siècle, tout au moins ceux qui s'expriment par l'imprimé, c'est-à-dire les notables et les pasteurs, condamne les Camisards. Un professeur de théologie de Genève, Ami Lullin, parle d'une* déplorable révolte[26]. *L'adversaire de Voltaire, Angliviel de La Baumelle explicite ce jugement :*

Ils [les bergers] s'érigèrent en apôtres et parlèrent : leurs pieuses absurdités furent écoutées, frappèrent vivement une populace abandonnée à son ignorance. Quelques bandits prirent les armes et joignirent aux convulsions de la piété les convulsions du désespoir[27].

Une Apologie sur les Assemblées du Désert *est aussi sévère :* La rébellion et la révolte qu'on vit au début du siècle [...] excite notre horreur et notre indignation[28]. *Même ceux qui, à partir de 1715, reconstituent l'Église du Désert, parcourant les mêmes lieux, réunissant les descendants des révoltés et subissant des persécutions, paraissent aussi peu indulgents, ainsi le pasteur Désubas du Vivarais répondant à un curé :*

Direz-vous, Monsieur, qu'après l'affaire des Camisards l'on a tout lieu de se défier des protestants ? C'est là votre grand retranchement ; mais ignorez-vous que les ministres n'ont en rien contribué à cette révolte ? Ignorez-vous que nous n'avons rien négligé pour faire revenir nos peuples des visions du fanatisme ? Ce serait donc sans fondement qu'on nous soupçonnerait de révolte, sous prétexte qu'un petit nombre de visionnaires, que nous avons toujours condamnés jusqu'à les priver même de la communion, ont causé autrefois quelque trouble[29].

Ou, peu avant la Révolution, un pasteur d'Anduze et de Valleraugue, Desmont :

Il s'éleva à la vérité au commencement du siècle, des fanatiques qui méconnaissant les principes de leur religion [...] s'abandonnèrent à tous les excès de rage et d'emportement[30].

L'examen des attitudes du pouvoir royal avant et après la révolte conduit à apprécier d'une façon beaucoup plus positive le rôle des Camisards dans la survie du protestantisme français. La crainte de rallumer une telle guerre fut un élément puissant de dissuasion : la persécution continua après la guerre, mais elle n'atteignit jamais l'intensité qu'elle avait eue auparavant. Les autorités continuèrent à exiger que les grands actes de la vie, baptêmes, mariages, décès, se fassent à l'église et pourchassèrent toute expres-

sion publique de foi réformée. Mais la plupart du temps, elles fermèrent les yeux sur l'assistance régulière à la messe ou la participation aux sacrements et plus tard, en 1752, lorsqu'une application trop stricte de ce principe du baptême entraîna une agitation dans le Bas-Languedoc et quelques attaques de prêtres d'ailleurs désavouées par l'Église du Désert, on s'empressa de revenir immédiatement en arrière.

L'opinion cévenole populaire fut aussi reconnaissante aux Camisards de l'avoir vengée de plusieurs années de crainte : pour une fois et pendant quelque temps, la peur avait changé de camp. L'assimilation avec Israël, le peuple élu, s'en trouvait renforcée. Ce sentiment se reflète parfaitement dans cette complainte du Vivarais :

Vous avez prospéré un fort long temps sans trouble
Le Dieu de vérité vous punira au double ;
Dans un instant vous serez tous accablés
Vous n'aurez pas le courage d'en relever jamais.

Vous avez de grande rage contre tous les enfants
Quand ils n'ont point d'armes, vous mettez [à] feu et sang

Dieu par la grâce nous a mis armes en main
Pour nous mettre en défense contre ces traîtres romains.

Le péché vous accable, vous allez tous tremblants
Quand vous voyez les armes du Cavalier roulant ;
Ouvre la porte à ce vaillant cavalier
[Qui] a bien toujours la force de vous faire tous trembler

Le Cavalier sans doute toujours vaillant soldat
Vous met tous et vos soldats en bas,
Voyant l'adresse de ce jeune commandant
Et toujours à la tête pour combattre vaillamment[31].

Mais cette complainte n'a pas simplement été chantée durant la guerre ; elle figure dans un recueil beaucoup plus tardif, retranscrite par un copiste qui ne connaissait plus le nom des chefs camisards, confondant en un seul personnage Cavalier et Ro[u]lan[t], mais qui se rappelait la peur des troupes royales. Le souvenir de ce moment de revanche, même s'il a été court, aide à supporter bien des brimades ultérieures. Nous en découvrons un exemple dans la chronique écrite par Étienne Durand, le père de Pierre le pasteur du Désert, et de Marie la célèbre prisonnière de la Tour de Constance. Le texte a été rédigé près de vingt ans après les événements. Or c'est encore avec orgueil qu'Étienne Durand se souvient de la négociation de Cavalier, au point d'accorder au chef un avantage qu'il n'eut jamais :

M. du Villard voyant que cette guerre était mauvaise et qu'elle avait coûté la mort de plus de quarante mille hommes de part ou d'autre et beaucoup de pays brûlés, il appela les commandants des protestants, c'est-à-dire Cavalier, Rolland, Rastelet et Castanet, pour traiter la paix et sous un otage, Cavalier vint à Nîmes joindre M. du Villard et M. le Duc de Roquelaure et sur le traité on promet à Cavalier d'être gouverneur de Brisac. Et le 24 juin 1704 il logea [au Pont] Saint-Esprit avec son escorte et ses troupes qu'il menait avec lui et quand il fut à Dijon, il s'en alla en Suisse et la Reine Anne lui donna un régiment d'infanterie[32].

De même a-t-il noté avec joie le seul succès rencontré par Mazel en 1709 et qui fut bientôt suivi de défaites :

En croyant de faire dudit Abram à leur plaisir, ces messieurs furent contraints de prendre la fuite[33].

Ce souvenir, aliment d'une résistance continuée, s'est exprimé principalement dans une tradition orale dont on relève encore des traces aujourd'hui, après plus de deux siècles et demi. Combien de familles de Saint-Germain-de-Calberte supportaient avec plus de constance la surveillance mesquine et parfois cruelle des soldats royaux lorsqu'elles entendaient raconter l'épisode du merle sifflant le psaume LXVIII :

C'était du temps des guerres de religion, les gens avaient apprivoisé des merles dans un certain endroit en face, du côté du Mazel, ils leur avaient appris un air, et pendant la guerre de religion, quand les catholiques passaient par là, ils entendaient un air : « Que Dieu se montre seulement. » Ils disaient : « Nous les avons entendus, ils sont là », puis le merle changeait de côté quand il voyait les gens; où qu'ils aillent, ils entendaient cet air, alors ils disaient : « Où ils sont, où ils sont. » Dans les quatre coins, ils se perdaient, ils ne savaient plus où ils en étaient, le merle semblait le faire exprès[34].

Ainsi les Camisards, par-delà les destructions indéniables de la guerre et une violence plus conforme à la loi mosaïque du talion qu'à l'idéal évangélique, ont grandement facilité la restauration du protestantisme au XVIII*e* *siècle en obligeant les autorités à la prudence dans la répression, en redonnant l'espérance aux communautés réformées à un moment où elles ne l'avaient plus, espérance que la mémoire collective a prolongée ensuite pendant le temps du culte interdit. Mais en outre, la plupart des hommes qui aidèrent Antoine Court à réorganiser pacifiquement l'Église du Désert à partir de 1715 sont issus du monde camisard.*

6

Les Camisards toujours présents

Tous les Camisards n'avaient pas déposé les armes ; quelques-uns, au-delà de tous les raisonnements, refusaient obstinément de se rendre ; parmi eux Bonbonnoux :

Comme nous n'avions fait choix d'un refuge si stérile que pour nous mettre à couvert des mouvements des troupes, dès que nous crûmes qu'elles se seraient retirées nous retournâmes du côté de Bragassargues, où nous rencontrâmes cinq ou six hommes de nos gens à cheval et deux ou trois piétons que nous avions trouvés en chemin ; nous fûmes au nombre de douze personnes. Après les compliments de part et d'autre, nous consultâmes sur ce que nous avions à faire dans la conjoncture la plus déplorable qu'on puisse s'imaginer. Nous avions toujours l'ennemi à nos côtés. Il n'y avait ni vallon, ni plaine, ni bois, ni montagne qui ne fût couvert de soldats. Ils nous lançaient et relançaient continuellement ; ils ne nous donnaient aucune relâche. Nous venions d'essuyer de terribles échecs ; notre troupe ne se comptait plus que par petits pelotons, dont les uns étaient échappés, et les autres, profitant de l'amnistie posaient les armes. Notre embarras à choisir, dans un état si fâcheux, n'était pas petit ; nous fûmes pourtant assez d'avis de monter dans les Cévennes, de visiter nos frères qui y seraient encore sous les armes, de voir par nous-mêmes quelle était leur situation et leurs dispositions. Mais n'étant pas d'accord ni de la manière d'exécuter ce projet, les gens à cheval voulant que les piétons marchassent avec eux, et les piétons s'en faisant à la peine par la crainte que le bruit des chevaux ne les exposât à quelque danger inévitable, ni du but principal qui nous conduisait là, les uns se proposant de poser les armes si les Cévenols étaient ou peu en nombre ou peu résolus à se soutenir, et les autres, au contraire, à ne les poser jamais, soit que les Cévenols fussent peu ou beaucoup résolus ou non à se soutenir : n'étant, dis-je, pas d'accord ni de la manière d'exécuter notre projet, ni du but principal qui nous le faisait entreprendre, je tirai en particulier Ravanel, et après lui avoir fait remarquer que Marchant et quelques autres de ceux qui étaient là paraissaient être disposés à poser les armes, je lui protestai qu'il ne serait pas dit de moi que je les eusse posées et que je me fusse rendu lâchement à mes ennemis. Il me fit la même protestation ; nous nous embrassâmes, mais non pas sans verser des larmes qui marquaient tout ensemble et la joie que nous avions de nous trouver un courage si digne de notre cause et la vive douleur que nous éprouvions, trouvant dans les autres si peu de dispositions à marcher sur nos traces, et nous voir réduits dans l'état le plus déplorable[1].

Mais bientôt il n'est plus possible de songer à la moindre opération militaire. Alors les combattants se mettent à apprendre à lire pour devenir ministres :

De là, nous allâmes tous les trois sur un monticule dans le bois de Ramp, entre Sauve et Durfort où nous surprîmes agréablement mais non sans frayeur (nous prenant pour des Miquelets) deux de nos frères (Claris, de Quissac, et Antoine Roussel, de Gajan. Ils venaient d'être poursuivis du côté de la baraque de Pierredon. Lorsqu'ils nous entendirent, ils crurent que nous étions les Miquelets et le pauvre Claris, quittant le rocher sur lequel il s'était couché, vint vers nous pied déchaud et tout tremblant aux écoutes, pour découvrir qui nous étions). Après nous être salués, nous déplorâmes nos misères qui devenaient tous les jours plus tristes et plus fâcheuses. « Tous nos prédicateurs sont morts ou rendus, nous dit Claris tout attendri, que ferons-nous ? — Dieu y pourvoira, répliquai-je. Et quand je n'entendrais aucune prédication d'ici à dix années, je me sens assez de courage avec le secours du ciel pour résister à toutes les tentations qui pourraient m'être suscitées par les ennemis de l'Évangile. » Cette réponse, faite avec beaucoup de fermeté et de zèle, donna l'occasion à Claris, en sortant un ABC de sa poche, de nous dire : « Amis, allons étudier, nous serons encore tous des ministres ou maîtres d'école. » Quelle proposition pour des hommes qui ne savaient pas lire, et qui manquaient même de tous les secours nécessaires pour l'apprendre ! Aussi, il n'est pas nécessaire que je vous fasse remarquer qu'elle n'était pas faite sérieusement. Je dois vous dire néanmoins que de cinq que nous étions alors, trois ont prêché l'Évangile dont par la grâce de Dieu, j'ai été du nombre, et deux (Lafont et Claris) même l'ont signé de leur sang avec beaucoup d'édification à Montpellier[2].

LA VIE ERRANTE

Un tel choix cependant implique une vie errante, plus difficile encore qu'au temps des prédicants, car les troupes sont beaucoup plus nombreuses et les réformés hésitent à aider ces derniers opiniâtres :

Les bois et les cavernes furent longtemps nos retraites ordinaires. Les antres des rochers nous étaient favorables ; mais pour nous y conserver, nous usions de ménagements et de prudence. La nuit était le seul temps que nous y entrions, et lorsque nous les abandonnions, nous avions soin d'en boucher les ouvertures, afin que les bergers ni autres personnes n'y pussent apercevoir nos traces ; c'est ainsi que nous en usâmes à l'égard d'un de ces antres, qui nous prêta favorablement ses entrailles pendant l'espace de plus de trois semaines, et dans lequel nous avions rassemblé des branches de buis et de l'épi qui nous servait en place de coîte. Il était étroit par le haut et large par en bas, et par là beaucoup plus facile et de nous y loger et d'en fermer l'ouverture. Nous y faisions du feu, mais comme la fumée noircissait les pierres qui en couvraient l'ouverture, j'avais soin d'en substituer d'autres à la place et de jeter celles-ci ensuite dans les antres voisins et plus profonds.

Lorsque nous avions fait quelques séjours dans un lieu, il nous le fallait changer pour un autre, soit parce que nous craignions d'être découverts, soit parce que nous manquions de vivres. Un jour que nous étions occupés de ce manège, accablés de lassitude, nous nous endormîmes sous un chêne vert. Mais quelle ne fut pas notre surprise à notre réveil de voir tout le pays couvert de neige ! L'endroit qui nous avait servi de lit n'était pas propre à nous servir de demeure ; mais la difficulté était de l'abandonner et d'en aller chercher une autre, sans qu'il nous arrivât comme aux lièvres qui, dans le temps de neige, découvrent leur gîte par leurs traces. Il fallait cependant se déterminer à le faire au plus vite : le crépuscule du matin paraissait déjà sur l'hémisphère, et il nous fallait passer fort près d'une garnison qui n'était pas de nos moins dangereuses. Nous prîmes parti et nous le prîmes pour aller à notre cher Couta ; mais quand nous fûmes sur le grand chemin de Sauve à Quissac, je dis à mes gens qu'il était de la prudence de nous déchausser et d'attacher nos souliers à nos pieds devant-derrière, c'est ce que nous fîmes à l'instant avec nos jarretières, et par là nous donnâmes occasion de croire que, bien loin d'être allés à Couta, nous en étions partis. Heureux stratagème dont nous éprouvâmes le prix avant la fin du jour ! Car deux heures après nous découvrîmes au-dessous de nous un détachement qui était à la quête et qui, trompé sans doute par notre artifice, ne jugea pas à propos de diriger sa marche vers le lieu d'où le gibier avait parti. Mais si notre artifice nous mit à couvert des poursuites de ce détachement, il n'en fut pas de même et du froid et de la faim. Car, si je m'en souviens bien, nous goûtâmes un peu de l'un et de l'autre ce jour-là.

Notre disette était grande et nous n'avions pas besoin de médecin pour nous ordonner la diète. La terreur avait tellement établi son empire sur l'esprit de ceux qui pouvaient nous accorder leurs secours, qu'ils n'osaient pas même nous ouvrir la porte de leurs maisons pour nous remettre leurs petites libéralités, et plus d'une fois, ils nous les ont remises précipitamment par la chatière ou par d'autres ouvertures. Aussi nous mangions le pain, sinon par le poids, au moins par mesure et pour apaiser notre soif, nous avions notre ressource à des creux de rochers qui assemblaient de l'eau pendant les pluies. (La nature a ménagé dans des lieux stériles des creux de rochers qui reçoivent l'eau pendant la pluie et qui la conservent comme des bassins. Elle sert à l'usage des animaux et servait dans cette occasion aussi au nôtre.) Ainsi pressés par tant de misères, après avoir découvert à mes gens que je connaissais un homme à Quillan proche de Vic, qui pourrait nous être de quelque secours, je me mis en devoir de lui aller exposer nos misères, mais mon voyage n'eut pas le succès que j'en attendais et m'exposa à plus d'une aventure fâcheuse. Accablé de sommeil, je m'endormis dans des broussailles, le long d'une rivière. Le lendemain matin, j'entendis du bruit, et ayant jeté les yeux autour de moi, je découvris à une certaine distance le détachement de Bragassargues qui se retirait ; mais ce qu'il y eut de plus digne de mon attention, ce furent deux soldats qui, se détachant de la troupe, dirigèrent leurs pas vers moi. Je fus alors assez embarrassé si je prendrais la fuite ou si je demeurerais sans remuer ; je me déterminai pour le dernier, ne pouvant pas me mettre dans l'esprit ni que j'eusse été trahi, ni que ces soldats pussent deviner mon gîte. Je fis sagement, car ces soldats ne pensant pour le moment qu'à des perdrix qu'ils avaient sans doute fait partir de quelque part et qui s'étaient venues poser près de moi sans que je m'en fusse aperçu, après les avoir tirées à vingt-cinq pas de moi, se retirèrent. Continuant ma marche, je me rendis le soir chez mon ami ; mais je trouvai la femme si effrayée, que bien loin d'être en état de nous accorder le secours que je m'étais promis, il fallut la tromper pour pouvoir me reposer un jour dans sa maison (je pris congé d'elle et son mari ; il me cacha à son insu dans sa bergerie toute la journée). Ayant si mal réussi, je m'en retournai peu satisfait. Je m'étais flatté à mon retour de souper chez un de mes parents ; mais ayant entendu de la porte de son logis un bruit qui ne me convenait pas, je changeai mon dessein et je m'allai reposer sans souper dans une maison d'un catholique où je savais n'habiter personne. C'est dans ce lieu solitaire que je passai la nuit couché sur une planche. Comme le matin fut venu, je m'allais réfugier dans un bois où je passai la journée sans boire ni manger. Dès la nuit même, je fus rejoindre mes hommes au bois de Curens. Si ma présence les réjouit, le succès de mon voyage n'en fit pas de même[3].

La persévérance de l'ancien brigadier de Cavalier est récompensée : vers 1712-1713, il peut convoquer quelques petites assemblées où il récite des sermons appris par cœur, comme le faisaient en 1686 des prédicants. Court l'a vu passer dans son village :

J. Bonbonnoux et J. Rouvière parurent à Villeneuve le 1er mai 1713. Ils avaient appris quelques sermons par cœur qu'ils récitaient avec zèle. On embrassa l'occasion et on entendît Bonbonnoux qui récita un sermon de Pierre Dumoulin. La faim pour la parole fit trouver bonne cette manière de prêcher[4].

Mépris injustifié et facile. Sans Bonbonnoux et d'autres modestes Camisards, le futur chef de l'Église du Désert n'aurait pas trouvé plus tard un auditoire si réceptif. En dehors d'eux, il ne subsistait plus alors que quelques prophétesses, mais si l'on en croit les témoignages existants, à l'inspiration beaucoup plus limitée et balbutiante que celle d'une Isabeau Vincent ou d'un Abraham Mazel. C'est d'ailleurs dans ce climat qu'éclôt la vocation pastorale d'Antoine Court.

ANTOINE COURT : LE RETOUR À LA DISCIPLINE TRADITIONNELLE

Né en 1695, à Villeneuve-de-Berg au sud du Vivarais, ce dernier accompagna très tôt sa mère aux assemblées nocturnes où il rencontra un jour Abraham Mazel. Il invita même des prophétesses du Vivarais à venir à Villeneuve pour y prêcher. Enfin, il ne tarda pas à s'ériger en prédicateur *dans une réunion d'une trentaine de personnes,* presque toutes des femmes [...] qui furent si contentes que peu s'en fallut qu'elles ne le prissent pour un ange envoyé expressément du ciel pour prêcher[5]. *En 1713, les inspirées lui ordonnent d'écrire des lettres menaçantes aux ecclésiastiques et aux autorités. Le texte qu'il rédige n'aurait pas été désavoué par Rolland ou Cavalier ; ne disait-il pas en effet à ses correspondants de craindre* que la patiente des protestants [...] trop longtemps et trop barbarement opprimée ne se change en fureur[6]. *D'où l'affolement chez tous ceux qui reçurent une telle missive et qui redoutaient une nouvelle révolte.*

Ce n'est qu'à la fin de la même année qu'il rompt avec le prophétisme à la suite de prédictions non réalisées : une prophétesse avait annoncé pour Noël la réunion d'une grande assemblée sous un arbre qui devait naître, croître et fleurir dans une nuit *à laquelle participeraient des Anglais et où il distribuerait la communion. Rien n'arriva :* De là en avant, je me déclarai contre tout ce qu'on appelait inspirations et je travaillais à en faire connaître les sources et les abus[7].

Avec le prophétisme, Court rejette d'autres pratiques camisardes, la libre prédication au gré de chacun et surtout la violence. Il veut rétablir la vieille discipline ecclésiastique du XVII*e* *siècle. Dans ce but, il réunit en août 1715 dans un hameau des Basses Cévennes, les Montèzes près de Saint-Hippolyte-du-Fort, un synode. Modeste assemblée d'une dizaine de personnes, celui-ci n'en posait pas moins les règlements généraux qui allaient servir de modèles aux églises protestantes du Désert au* XVIII*e* *siècle. Nous ne possédons pas malheureusement les textes adoptés mais nous connaissons ceux qui furent rédigés en 1721 dans le premier synode du Vivarais et qui sont inspirés des mêmes principes, prin-*

cipes qui se retrouvent sous une forme plus élaborée dans les 29 articles du premier synode national de 1726. Ce règlement du Vivarais montre bien le souci d'orthodoxie (art. 1, 5, 6, 7), le retour à l'organisation traditionnelle des Églises réformées françaises (art. 2, 6, 9, 10, 13, 14), le rejet du prophétisme (5, 12, 18, 19), le refus de la rébellion (3), ou même de la provocation (4, 16), mais tout autant du double jeu (11) :

1. Que tous les pasteurs, proposants et anciens signeront la confession de foi contenant quarante articles, faite d'un commun accord par les Églises réformées de France, comme vraie et orthodoxe.

2. Que toutes les sociétés se soumettront à garder les règlements qui seront établis suivant la discipline ecclésiastique des Églises réformées de France, autant que le temps et le lieu pourront le permettre, et, pour cet effet, les pasteurs, pour y porter les anciens, promettent de la signer quand ils en seront requis.

3. Tous les pasteurs et proposants se rendront sujets aux puissances supérieures et y porteront le peuple, autant que leurs forces le leur pourront permettre ; et, pour cet effet, tous les pasteurs et proposants jurent par la foi qu'ils ont au nom de Jésus-Christ d'obéir au roi de France en toutes choses, sauf aux ordonnances qui pourraient être préjudiciables à la foi et à l'Église. D'ailleurs, la vénérable assemblée a enjoint à tous de faire prières pour le roi et ses conseillers, non seulement aux assemblées, mais aussi dans les familles particulières, et principalement aux pasteurs.

4. Que pour convoquer les assemblées *, on usera de toute la prudence possible, pour ne donner aucune

* Ces assemblées se tiennent dans des lieux écartés et se déroulent comme des cultes réguliers. Elles rappellent celles tenues à l'époque des prédicants (cf. *supra*, p. 43 et ss.).

lumière ni porter aucun préjudice, et qu'on ne fera pas traverser les auditeurs d'un mandement à l'autre.

5. Que la parole de Dieu, qui est l'Écriture sainte comprise au vieux et nouveau Testament, sera tenue pour seule règle de notre foi, comme il est porté par les articles 3 et 5 de la Confession de foi.

6. Qu'on lira aux assemblées des chapitres de l'Écriture sainte et les Commandements compris au vingtième chapitre de l'Exode, avant la prédication, conformément aux Églises de Genève.

7. Que les pasteurs feront répondre le catéchisme au peuple, tant aux assemblées que dans les maisons particulières, et expliqueront les termes les plus obscurs, et, pour éviter toute confusion, ils se serviront tous du catéchisme de M. Drelincourt, fait en faveur de sa famille.

8. Les pasteurs diront la prière trois fois le jour, et la feront même dire à ceux des maisons où ils seront. Ils reprendront aussi avec soin ce qui s'y passe de mal à propos : comme de jurer le nom de Dieu et la négligence de la dévotion ; et ils feront destiner trois heures du jour du dimanche à la dévotion à tous ceux de la maison ensemble.

9. Qu'il sera nommé des anciens, à la pluralité des voix, pour surveiller sur la conduite du public et sur tout ce qui concerne les affaires de l'Église.

10. Que ceux qui commettront des crimes dignes de censures seront censurés comme s'ensuit : 1° qu'ils seront censurés par un pasteur ou un ancien ; 2° s'ils ne se repentent, on réitérera la censure en présence de trois fidèles ; 3° s'il persévère, il sera encore censuré en présence de trois fidèles ; 4° s'il ne se repent, il sera déclamé à l'assemblée publique, et enfin excommunié.

11. Que ceux qui font baptiser leurs enfants et bénir leurs mariages aux prêtres de l'Église romaine seront suspendus de la communion ; et ceux qui les accompa-

gnent en ces actes seront censurés par un pasteur ou un ancien.

12. Qu'on réfutera toutes prétendues révélations auxquelles il n'y a rien digne d'y ajouter foi ; enjoignant aux pasteurs et anciens d'y surveiller avec soin.

13. Que si quelque pasteur ou ancien commet quelque crime scandaleux à la société, il sera démis de sa charge pour le temps qu'il sera jugé à propos, selon la discipline ecclésiastique.

14. Qu'on tiendra un synode tous les ans, et s'il arrivait quelque cas en attendant l'an révolu, on assemblera un colloque de trois pasteurs et six anciens, pour délibérer ce que de droit, attendant le synode général, auquel colloque faut qu'il soit le modérateur du dernier synode ou le secrétaire.

15. Que les anciens payeront aux pasteurs ce qui leur sera nécessaire pour leur couverture et pour leur dépense, et cela d'une manière qui lève tout soupçon.

16. Que les pasteurs ne tiendront le peuple à leurs prédications qu'une heure tout au plus, à cause du danger.

17. Que si quelque pasteur se rend familier avec quelque fille d'une manière malséante, on lui défendra d'aller dans la maison de cette fille. Enjoint au pasteur d'obéir.

18. Que les femmes qui exposaient des prédications aux assemblées seront interdites, vu que ce n'est pas au sexe féminin de porter la main à l'encensoir. Et c'est d'autant que l'apôtre saint Paul le leur défend au quatorzième chapitre de la première aux Corinthiens et en la première à Timothée, chapitre II. Cependant, celles qui ont édifié l'Église par une bonne doctrine et qui voudront visiter les malades, instruire la jeunesse, de maison en maison, elles seront entretenues comme pour le passé, mais la prédication leur est interdite.

19. Qu'on ne recevra aucune personne pour prêcher

qui ne soit examinée en vie et mœurs et doctrine par les pasteurs et anciens et les consistoires déjà établis [8].

UN RENIEMENT DIFFICILE

A plusieurs reprises, Court prend bien soin de se démarquer des Camisards. Ainsi il écrit à l'envoyé du Régent, Beaulieu, en 1719 :

Qu'ils pouvaient l'assurer que les prédicateurs avaient soin de répandre parmi le peuple les mêmes maximes de piété envers Dieu, de charité envers le prochain et de fidélité envers le Roi, que Jésus-Christ et les apôtres avaient enseigné dans leurs écrits ; qu'ils faisaient leurs assemblées sans armes, sans tumulte, et uniquement dans les vues de glorifier Dieu et de travailler au salut du prochain ; qu'on y priait Dieu pour le Roi et son Altesse ; que ceux qui présidaient à ces assemblées étaient tous gens connus ; qu'on n'en recevait point qui n'eussent été examinés et approuvés par des gens capables ; que ce n'était plus de ces Rolland furieux, ni de ces Cavalier qui se servaient du glaive de fer pour faire la guerre à leurs ennemis ; — que c'étaient aujourd'hui des soldats qui n'employaient que l'épée de l'esprit, des agneaux toujours prêts à répandre leur sang pour le salut de leur prochain, bien loin de penser à sacrifier les peuples à des passions criminelles ; — et que si le duc Régent pouvait lire dans leurs cœurs, il y verrait écrit en lettres d'or ineffaçables la fidélité et le dévouement de leur cœur pour le Roi et le service de son Altesse [8bis].

La volonté de rupture avec la période précédente est donc clairement affirmée : paradoxalement les artisans en sont des anciens Camisards (Bonbonnoux, Corteiz,

Gaubert) ou des hommes qui ont vécu leur enfance dans un milieu favorable aux révoltés, comme Court lui-même et Pierre Durand ! Si Court et, plus tard, ses successeurs renient ce passé, ce n'est pas le cas de tous ses compagnons. Mais ces derniers ont plus ou moins pris conscience que, pour la sauvegarde du protestantisme, l'évolution de la situation imposait une nouvelle attitude.

Prenons le cas de la violence. La résistance pacifique est inspirée par un souci de fidélité à l'enseignement évangélique, n'en doutons pas. Mais elle correspond aussi à un état de fait : la population réformée n'aurait pas été capable de soutenir longtemps de nouvelles tentatives d'insurrection. D'un autre côté, une répression, réelle mais plus prudente, rendait possible le maintien d'une attitude non violente. De même la dégradation du prophétisme, de plus en plus éloignés de sa source biblique, mettait en danger la survie doctrinale de la foi réformée.

Cependant, malgré tous ses efforts et bien que le comportement permanent de l'Église du Désert soit en effet très opposé à celui des révoltés, Court n'arrive que très difficilement à faire admettre cette opposition. Même ceux qui plus tard soutiennent les efforts de restauration d'un protestantisme français, mettent un certain temps à approuver les assemblées publiques qu'ils assimilent plus ou moins à des réunions camisardes, tel Pictet dans cette lettre à Corteiz, compagnon de Court :

Je vous avoue que j'ai toujours condamné les grandes assemblées, soit parce que je sais qu'il y a eu très souvent de la confusion et du désordre, soit parce que je sais de très bonne part qu'il s'en est tenu contre toutes les règles de la prudence chrétienne, dans le temps que les Catholiques romains, qui ne nous voulaient pas de mal, faisaient dire ou qu'on ne fît pas d'assemblée ou qu'on la finît avant midi — car ils me l'ont dit eux-mêmes, — soit parce que j'ai appris que plusieurs fois des gens s'y mêlaient de prêcher qui ne savaient pas ce qu'ils disaient, en sorte que des personnes de bon sens en étaient scandalisés, soit parce que dans ces grandes assemblées il se mêle souvent de faux frères qui reconnaissent ceux qui y sont et qui les défèrent, soit parce que je suis persuadé qu'on instruit mieux dans de petites assemblées que dans des grandes, soit parce qu'on m'a assuré plusieurs fois que ce serait le moyen de vous rendre favorables les Puissances, soit parce qu'il y a eu des massacres, des meurtres, plusieurs envoyés aux galères, ou confinés dans des cachots, soit parce qu'il y a des temps où il vaut mieux instruire les gens dans leur particulier, lorsqu'on y a plus à risquer en le faisant en public que d'utilité, soit enfin pour des raisons que je ne puis confier au papier[9].

Certains notables protestants n'acceptent jamais, comme Allamand qui en 1744 condamne les cultes publics dans une Lettre sur les Assemblées des religionnaires en Languedoc écrite à un gentilhomme de cette province. *Il voit dans leur multiplication à cette époque* un redoublement de fureur[10]. *Même position chez ce marchand lyonnais lorsque les réformés méridionaux sont déçus par l'édit de Tolérance de 1787 qui accorde l'état civil, mais non la liberté de culte :*

On avait à ménager les préjugés du clergé, l'orgueil de la religion dominante et peut-être aussi la pétulance de nos frères des provinces méridionales qui ont bien leur espèce de fanatisme[11].

UN FEU QUI COUVE ?

A plus forte raison, les autorités ont tendance à confondre assemblées du Désert et sédition. C'est exactement ce que dit, en 1737, le grand vicaire d'Alès :

Cette multitude de gens dispersés dans tout le royaume, qui se croient injustement persécutés, à qui on ne cesse d'inspirer des sentiments de haine et de fureur contre l'église catholique et ceux qui la gouvernent, qui entretiennent des liaisons au-dehors du royaume par les livres qu'ils reçoivent et les prédicants qui en viennent, qui y envoient leurs enfants et qui y ont presque tous des parents et alliés, mérite sans doute une attention particulière de la Cour. On ne peut pas dire il est vrai que leurs assemblées se fassent à main armée ni qu'ils s'y rendent pour autre chose que pour l'exercice de leur religion ; mais quand bien même on n'aurait rien à craindre pour le présent, pourrait-on répondre de l'avenir ? Il ne faudrait peut-être qu'une guerre, surtout une [contre] les puissances protestantes, pour voir se renouveler dans le cœur du Royaume les désordres dont on fut témoin au commencement de ce siècle. C'est un feu qui couve et qui ne sera jamais bien éteint que par la réunion sincère de ces religionnaires à la foi catholique [...]

En effet, malgré cette tranquillité apparente qui règne parmi les religionnaires, on s'aperçoit aisément, quand on les a pratiqués quelque temps, combien peu ils sont affectionnés au bien de l'État. L'amour de la patrie si naturel aux Français semble entièrement éteint dans leurs cœurs ; on dirait que nos succès les attristent, et nous remarquions aisément quand on recevait quelques nouvelles de la prospérité des armes du Roy pendant cette guerre, que leurs sentiments sur ce point étaient fort différents de ceux des anciens catholiques.

Il reprend aussi l'accusation de libertinage :

Au reste ces sortes d'assemblées sont une source de dissolution et de libertinage ; comme elles se tiennent ordinairement pendant la nuit, la jeunesse de l'un et de l'autre sexe se sert de l'occasion qu'elles fournissent pour satisfaire de criminelles passions [12].

Encore en 1751, l'intendant du Languedoc affirme :

Les assemblées, devenues plus fréquentes que jamais, sont d'un très grand scandale pour la religion, en même temps qu'elles troublent la police générale du royaume et blessent directement les lois que l'État n'a cessé de faire depuis la révocation de l'édit de Nantes ; tout concourt par conséquent à exiger qu'on en interrompe le cours. *Pourtant, dans le même mémoire, il admet que* chaque particulier a la liberté de dire des psaumes et de lire des livres saints dans sa maison [13].

Une complainte de 1736 célébrant le prédicant qui parcourt les montagnes pour repaître la faim de ses brebis plaintives *a conscience de cette assimilation :*

On nous nomme hérétiques,
Dévoyés de la foi,
Scélérats, fanatiques,
Et rebelles au Roi ;
Dites d'un air tranquille
Et sans émotion
La foi de l'Évangile fait
Notre religion [14].

D'ailleurs, pour les édits royaux réactualisés dans la déclaration de 1724, il existe seulement une différence de degré et non de nature entre l'organisation d'une assemblée publique et la participation à la révolte armée : le prédicant ou le pasteur surpris est condamné à mort comme l'était le Camisard, mais il est pendu au lieu d'être brûlé ou roué vif! Et si les exécutions sont moins nombreuses au XVIII*e siècle, c'est à la fois à cause de la peur d'un soulèvement et d'un certain progrès de la tolérance, progrès lent si l'on songe qu'un pasteur fut encore exécuté et des hommes envoyés aux galères en 1762. De ce point de vue, les efforts des responsables de l'Église du Désert pour se concilier la faveur royale grâce à une non-violence sans faille sont décevants, même si cette attitude offre par ailleurs un beau témoignage de fidélité évangélique.*

Sans justifier la confusion officielle, reconnaissons que le recrutement des premiers compagnons d'Antoine Court parmi les anciens Camisards n'est pas le seul lien entre les deux périodes. La sociologie du Désert du XVIII*e siècle prolonge celle des Camisards, comme celle des Camisards recouvrait celle des premiers prédicants. Le grand vicaire d'Alès remarquait :*

Il n'y a guère que la canaille qui s'en tienne à ces sortes de mariages [au Désert] quoiqu'ils soient regardés comme bons par tous les religionnaires, mais les personnes d'une certaine façon s'adressent à l'église pour éviter les peines portées contre les concubinaires et pour assurer l'état de leurs enfants[15].

Les personnes arrêtées pour faits d'assemblées exercent les professions les plus représentées dans la révolte : peigneurs de laine, cardeurs, tisserands, facturiers, cordonniers, travailleurs de terre[16].

UNE SENSIBILITÉ PROPHÉTIQUE

De même, le climat de miracle permanent, caractéristique de l'époque prophétique, n'a pas disparu ; il réapparaît dans plusieurs complaintes, par exemple dans celle qui fut composés à l'occasion de l'Assemblée de Pranles (Vivarais) de 1719 :

L'an mille six cent dix-neuf *
De janvier le vingt-neuf,
Dans la paroisse de Pranles,
Nous y sommes assemblés
Pour annoncer nos louanges
Et pour prier notre Dieu.

De la ville de Privas,
Si n'a parti Du Moula (Du Molard **)
Avec trois compagnies de soldats bien animés
Marchant en grande furie
Croyant de nous saccager !

Mais Dieu qui nous préservait,
N'a jamais abandonné les brebis de sa pâture
Les a voulu garantir ;
A fait la nuit bien obscure
Afin de nous secourir.

Après la fin du sermon,
Après la bénédiction,
Comme chacun se retire

* Erreur du copiste, il faut lire mille sept.
** Subdélégué représentant l'Intendant du Languedoc dans le Vivarais.

L'on entendit des soldats
Qui s'écrient : tire, tire
En disant arrêtez là !

Mais... du troupeau tout puissant
L'on a pris que trois enfants
Et encore des plus moindres de cette assemblée
Qui, [?] ce n'est rien que trois filles qui n'ont pu sortir
de là [17]

En 1744, apparaît une comète. Or depuis quelques années, la répression s'est adoucie et les assemblées se sont alors multipliées. Il n'en faut pas plus pour prédire ces grands bouleversements que les réformés espéraient déjà en 1688 ou en 1703. C'est aussi toujours le même attachement au Roi et l'espérance naïve dans le changement de sa politique. L'année suivante la persécution redoublait de violence et plusieurs pasteurs étaient exécutés !

Chrétiens, je va chanter l'époque magnifique
Arrivée à nos jours à l'Europe tragique.
Vous, vérités célestes venez en ces moments
Pour conduire ma plume et embellir mes chants.

Pendant trois mois entiers du siècle où nous sommes,
Un prodige nouveau qui épouvantait les hommes,
Une comète énorme se fit voir à nos yeux
En l'an quarante quatre faisant le tour des cieux.

Ce phénomène affreux se fit voir à nos vues,
A son extrémité avait une grande queue,
De l'Orient fertile il commençait son cours,
De l'Occident du monde la finissait toujours.

Et astre bienfaisant annonçait à l'Église
Quelque beau changement depuis longtemps promise
[*sic*].
Quand l'Éternel nous donne l'heureux événement
Le ciel nous le précède d'un avertissement.

L'étoile a paru qui portait la nouvelle
Que Dieu s'est souvenu de son peuple fidèle,
Qui est de dans la France privé depuis longtemps
De la manne céleste qui nourrit ses enfants.

Jadis de l'ancien temps, c'était la même étoile
Aux sages d'Orient qui conduisait leurs voiles;
Soudain ils arrivèrent dans le lieu fortuné
Pour adorer le juste, le divin nouveau né.

Protestants accourez, venez, je vous en prie,
A la voix du Seigneur, lui même vous convie
A venir en la plaine former notre oraison,
Faire des assemblées pour bénir son saint nom.

Nous entendrons prêcher sa divine parole,
Que Christ a enseigné dans sa divine École,
Les quatre évangélistes nous en font le récit,
Et tous les saints apôtres l'ont mis par écrit.

Ou baptise nos enfants, on bénit les mariages,
De l'Église de Dieu ce sont les apanages,
La Sainte Eucharistie nous y est administrée
A ceux qui par la grâce ont de l'avidité.

Fille de Sion, prends garde à ta conduite
Tes péchés odieux, faut tous les mettre en fuite;
Du Souverain monarque suit la divine loi,
Sois fidèle et soumise aux ordres de ton Roi.

Épouse de Jésus, affable tourterelle,
Tu vivras à jamais dans la vie éternelle
Dans la ville brillante où les rues sont d'or
Là seront tes richesses, ton solide trésor.

Combats le bon combat et achève ta course
La mort de ton sauveur est ta seule ressource,
Te blanchira ton âme dans son sang précieux,
Te comblera de gloire malgré les envieux.

Vive le roi Louis, vive le roi de France
Qui accorde aux protestants une grande tolérance,
Qu'il soit de longue vie et des jours bienheureux
Puisque dans son royaume nous accorde la paix.

Il nous accorde à tous sans nulle différence
Aux villes, aux faubourgs, aux quatre coins de France
Faisons un bon usage de ce don précieux
Pour avoir la couronne du royaume des Cieux.

C'est un don précieux accordé à l'Église
Louis le Bien Aimé c'est sa chère devise
Bien aimé en effet de tous les protestants
Nous sommes à son service les petits et les grands.

Permettez-nous, Grand Dieu de rebâtir nos temples,
Comme le phénix renaissants de leurs cendres.
Alors tous les fidèles remplis d'admiration
Exalteront la gloire de la Sainte Sion.

Hâte par ton secours 'e bonheur de l'Église
Qui semble à tes enfants depuis longtemps promise,
Pour jouir sur la terre d'un bonheur triomphant
Jusqu'à la fin du monde au dernier jugement.

Mais celui qui n'a fait cette belle complainte,
C'est un homme de paix qui a du Seigneur la crainte.
Prions Dieu qu'il la grave au profond de son cœur,
Que Jésus par sa grâce soit son libérateur[18].

Parmi les pasteurs de l'Église du Désert, un homme comme Paul Rabaut, successeur de Court, ne dédaigne pas de se livrer à des calculs apocalyptiques que n'aurait pas désavoués Jurieu :

Saint Paul nous apprend que ce qui arrivait aux juifs leur arrivait en figure. La captivité de l'Église judaïque en Babylone servait donc à figurer la captivité de quelque église chrétienne. Mais quelles églises ont mieux rempli cette figure que les nôtres ?... Nous avons donc lieu d'espérer que Dieu rétablira nos troupeaux, car l'année que nous courons est précisément la 70e de notre captivité. Ajoutez à cela que nous ne pouvons pas être loin de la fin du règne de l'Antéchrist. Il lui a été donné 1260 ans pour faire la guerre aux saints et pour les vaincre. Or sans vouloir entreprendre de fixer le commencement précis de cette époque, il est certain que la fin des 1260 ans ne peut pas être fort éloignée. La dignité impériale qui faisait obstacle à la manifestation de l'homme de péché suivant la prédiction de saint Paul fut abolie en Occident dans le ve siècle... Or le règne de l'Antéchrist une fois aboli, plus de persécutions[18bis].

UN COMPORTEMENT CAMISARD

Enfin les difficultés que rencontrent Court et ses compagnons pour empêcher à plusieurs reprises une nouvelle explosion, prouvent que les fils et petits-fils des

Camisards n'ont pas réellement renié leurs aïeux puisqu'ils sont prêts à adopter le même comportement.

En 1717, un prédicant, Arnaud, est arrêté ; des paysans veulent dresser une embuscade pour le délivrer. Court réussit à les en dissuader préférant ne pas risquer de mettre tout le pays en feu et voir son frère sceller de son sang les vérités qu'il avait prêchées que de lui rendre la liberté pour en édifier le peuple[19]. *L'année suivante le chef de l'Église du Désert doit avouer que sans ses exhortations* il s'élèverait aussitôt des séducteurs et des scélérats qui feraient des ravages effroyables[20].

A nouveau des troupes de paysans, plus ou moins armées, se regroupent lorsque le très populaire pasteur du Vivarais Désubas est arrêté et il faut tout le doigté des pasteurs du Vivarais pour éviter une émeute ; de sa prison Désubas écrit lui-même aux attroupés :

Je vous prie, messieurs, de vous retirer : les gens du Roi sont ici en grand nombre ; il n'y a déjà eu que trop de sang répandu. Je suis fort tranquille et entièrement résigné aux volontés divines[21].

En définitive, des fidèles qui se réunissaient en 1686 aux réactions de 1752 en passant par le Camp des Enfants de Dieu, *la continuité est évidente et les grandes différences de comportement, visibles d'une époque à l'autre, sont des réponses plus ou moins conscientes à des conjonctures changeantes, mais l'expression unique d'un refus d'une autre foi qui serait en même temps une acculturation.*

Cette permanence de la résistance s'enracine profondément au cœur des hameaux cévenols autour des familles qui fournissent à chaque génération « des militants ». C'est dans un seul mas de la Becedelle que furent trouvés les prières des années 1686-1690, le sermon de Brousson de 1692 ou, un demi-siècle après, cette convocation à une assemblée du Désert :

Celle-ci pour vous prier d'avertir tous ceux de votre climat que vous connaîtriez être nécessaire pour demain au valat de Saumanette et à l'endroit que vous trouverez bon choisir vous avec le Sr Carriere de l'Aforty le plus favorable : on l'avertit de venir un peu matin pour vous aider pourvoyer d'une table pour la communion, la pluie est cause que vous êtes averti si tard mais ce que vous ne pouvez faire ce soir, vous le ferez de bon matin au clair de lune, je crois que vous ne serez point fâché de cette bonne étrenne [22].

C'est aussi là qu'au début de 1712, arriva cette lettre du galérien de la famille sur laquelle nous terminerons cette histoire du refus d'un petit peuple, car elle résume en quelques lignes notre propos. Le galérien Metge a été pris parce qu'il voulait en 1701 quitter le royaume. L'un de ses neveux a visiblement été compromis dans l'affaire des Camisards qui vient de se terminer, mais dont on sent l'influence par la surveillance des troupes. La maison autrefois avait été visitée par le prédicant Gay, ancien tonnelier qui rame sur les galères depuis 1692. Il n'est pas jusqu'au double registre de la lettre qui ne soit significatif : d'un côté, la sérénité du croyant qui songe à sa famille restée au pays avant de se lamenter sur son sort ; de l'autre, le paysan furieux de voir des voisins profiter de la situation. (S'agit-il d'une confiscation de la terre au moment de son arrestation et d'une promesse de dédommagement de ceux qui avaient racheté la propriété ?) Ce souci de la terre après onze ans de galères est émouvant. Il évite à ce document d'être une pâle hagiographie et exprime la nature d'une résistance qui n'est pas le seul fait de quelques personnalités d'élite (saints ou héros) mais d'une collectivité tout entière :

Mon très cher neveu,

J'ai bien reçu la vôtre datée du 20 novembre et qui m'a fort réjoui en apprenant de vos chères nouvelles. Je prie le Seigneur qui vous préserve la santé, vous souhaitant une heureuse année suivie de plusieurs autres accompagnées de toutes sortes de bénédictions du ciel en haut et de la terre en bas, non pas seulement à vous, mais de même qu'à vous généralement à tous nos parents et amis sans que j'en oublie aucun comme m'étant tous très chers et que je ne vous oublie point journellement dans mes prières, vous priant aussi tous de ne pas m'oublier dans les vôtres. Vous me témoignez bien par votre lettre beaucoup d'amitié [... *], j'en suis persuadé. Vous me marquez que vous êtes disposé à me faire tenir quelque chose pour m'aider à subsister : si vous le faites, je vous serai grandement obligé. Comme vous me marquez que mon neveu Jacques est en volonté de venir me voir et que vous le chargerez de ce que vous avez intention de m'envoyer, vous ne devez nullement douter que ce ne me fût une grande joie de vous voir tous, toutefois, s'il me veut croire à cause du danger que il peut y avoir pour lui en venant à Marseille ou en s'en retournant il ne lui arrivât quelque désastre d'autant qu'il y a tant de troupes répandues et qu'il ne soit inquiété, que si son père peut y venir lui-même, je crois qu'il serait mieux d'autant qu'il n'y aurait pas de danger pour lui. Je viens de recevoir votre lettre tout à l'heure et je n'ai pas eu le temps de vous faire de détail touchant mes petites affaires du pays, d'autant que le porteur n'a pas le temps de rester. Je vous ai fait faire la présente à la

* Déchirure du papier.

hâte seulement pour vous faire savoir l'état de ma santé qui est assez bonne à présent grâce au Seigneur et pour vous faire savoir comme j'ai reçu votre lettre et si quelqu'un selon que vous me marquez se transporte jusques vers moi pour me faire l'honneur de me visiter dans mon pauvre état, je lui ferai un ample détail de mes petites affaires et alors on verra de la manière qu'on se pourrait prendre pour tirer quelque chose de ce qui m'est dû. Si tous ces gens-là qui ont quelque chose du mien avaient tant soit peu de charité pour leur prochain, me voyant dans la misère où il a plu à Dieu que je sois tombé, au moins ils se seraient mis en état de me faire tenir ce qui est mien qu'ils ont entre leurs mains. Quant à l'égard du nommé Ray que vous me marquez, vous n'avez garde de recevoir de ses nouvelles car il y a déjà plusieurs années qu'il est mort. Quant à Pierre Gay, je lui ferai au premier jour vos compliments, il se porte bien grâce au Seigneur aussi bien que moi. Vous assurant toujours de mon humble amitié tous généralement frères et sœurs, neveux et nièces, cousins et cousines, et parents et amis en général, vous souhaitant à tous sans exception bénédictions du ciel. Je serai toute ma vie, mon cher neveu, votre humble et affectionné oncle, Étienne Metge.

A Marseille le 1 janvier 1712,
sur la galère Princesse[23].

POSTFACE

Depuis la première édition de l'ouvrage, il y a dix-huit ans, l'intérêt pour cette « étrange révolte » n'a pas diminué, au contraire ; vingt-sept articles ou communications dont un dossier dans le populaire Historia, *vingt-huit livres dont une véritable somme, en six volumes, plus de quatre mille pages, du pasteur Henri Bosc, œuvre d'une vie. Plus étonnant est que cette œuvre monumentale ait trouvé son éditeur à une époque où l'on privilégie les deux cent cinquante pages et que cet éditeur, Max Chaleil, ait réussi en neuf ans à conduire son entreprise, fidélisant un public passionné. Celui-ci, dans le même temps, publia quatre rééditions de textes, dont une œuvre littéraire traduite en allemand et deux biographies sur deux personnages controversés, l'abbé Du Chaila et l'intendant Basville. Au total plus de dix mille pages sur le sujet, trois fois plus que dans les dix-huit années précédentes. Le mouvement ne s'est pas arrêté. Dans quelques mois, doit enfin être éditée l'une des sources privées les plus citées, et les plus riches, le manuscrit Cissalières, tandis qu'un amateur éclairé au nom prédestiné de Pierre Rolland s'est lancé dans la mise au point, aujourd'hui achevée, d'un* Dictionnaire des Camisards. *Sans parler des rééditions, dont la première chronique catholique, celle de Louvre leuil.*

Il n'est pas besoin d'évoquer l'actualité commémorative ; le tricentenaire de la révocation de l'édit de Nantes a heureusement contribué, au contraire, à attirer l'attention sur les autres formes de refus, particulièrement l'exil et la constitution du Refuge huguenot dans les divers pays européens, en Suisse et dans les pays germaniques entre autres[1]*. Certes, on relève en 1985 six références sur notre sujet, dont trois ouvrages, mais une année « ordinaire », 1991, voit paraître deux rééditions et un nouveau livre, sans compter deux articles.*

*Cette production aussi abondante est évidemment à mettre en rapport avec les problèmes du temps : les guérillas populaires comme en Algérie ou en Amérique latine, si présentes encore dans les années soixante, ne sont plus « de mode ». En revanche, le combat pour la liberté de pensée conserve toute son actualité ; le poids croissant des cultures religieuses dans les conflits contemporains permet une compréhension plus facile des Camisards ; certains auteurs n'hésitent pas à faire des rapprochements avec le temps présent : un des participants au numéro spécial d'*Historia *n'intitule-t-il pas son article « La politique de purification religieuse de Louis XIV » ?*

Le maintien et le développement des identités assurent aussi le succès des publications camisardes : identité protestante dont on connaît dans notre pays les sources historiques, identité cévenole plus vivante que jamais, qu'il s'agisse de gens originaires de ces terres ou d'« étrangers » tombant amoureux du pays. Dans ce dernier cas, la composante religieuse est ici devenue tout à fait secondaire, les catholiques et les incroyants se réapproprient la « geste camisarde » et s'en considèrent comme les héritiers. Les révoltés cévenols ne sont plus autant les héros d'une épopée occitane mais ils traduisent plus modestement la réussite d'une histoire provinciale qui ne s'oppose plus à l'histoire nationale : plus apaisée, la recherche d'une identité régionale se maintient ainsi très forte, soutenue par une vision moins uniforme de l'unité nationale.

Voilà pourquoi la production sur le phénomène reste aussi variée et s'adresse à des publics différents, de l'étude érudite à l'ouvrage de synthèse, sans oublier les œuvres littéraires, y compris pour la jeunesse. De l'une à l'autre, il n'y a pas de solution de continuité, tant il est vrai que la passion pour un sujet peut conduire l'amateur le plus éloigné de la recherche historique à l'effort le plus soutenu. L'exemple le plus frappant est celui de Pierre Rolland, l'auteur du Dictionnaire des Camisards *: cartographe, informaticien d'origine lyonnaise qui s'est progressivement implanté à Saint-Martin de Boubaux dans l'une des vallées cévenoles, il a découvert l'histoire camisarde à partir d'une tradition orale racontée par l'un des premiers Cévenols qui l'avaient accueilli. Cette histoire s'est confortée avec la lecture de la grande chronique du pasteur Bosc. À partir de là, il s'est mis à effectuer des dépouillements systématiques en utilisant ses compétences d'informaticien.*

La période précédente avait été surtout marquée par les grandes fresques littéraires avec André Chamson, Jean-Paul Chabrol et Max Olivier Lacamp. Cette veine littéraire s'est maintenue, d'autant plus qu'André Chamson à la fin de sa vie s'est de plus en plus enraciné dans son identité de Cévenol huguenot. Mais le phénomène majeur est l'ampleur de la recherche la plus érudite. Cette recherche, sans nul doute, a fait progresser notre connaissance factuelle de l'affaire. Et d'abord grâce à l'énorme dépouillement des archives de la guerre et de la Cour des aides de Montpellier du pasteur Bosc, d'autant plus qu'avec beaucoup d'humilité celui-ci a voulu présenter une chronique, mois par mois.

Au-delà des précisions, et de la mise à jour de beaucoup

de documents inédits, Henri Bosc montre à quel point le roi a suivi personnellement l'affaire : certains documents seraient même annotés de sa main. Il apporte une contribution importante à la connaissance de l'action des alliés, beaucoup plus réelle qu'on a pu le croire à cause de son inefficacité. La curiosité se manifeste dès février 1703 et dès le mois suivant, un pasteur du Refuge, Jean Dubourdieu, s'interroge déjà sur la possibilité de « secourir par mer les protestants », pour conclure négativement[2]*. Pendant de longs mois, les alliés continuèrent à hésiter pareillement. Et c'est cette hésitation qui rendit inefficace leur action.*

La passion camisarde n'est pas synonyme d'aveuglement hagiographique. L'utilisation systématique des sources royales conduit Henri Bosc à ne rien cacher des excès camisards, ceux de l'autre camp ayant laissé de moindres traces écrites. Il le dit clairement et justement à la fin de son avant-propos : « Il faut seulement savoir que ces violences exercées par les Camisards sur la population locale faisaient l'objet d'une relation écrite détaillée, puisque cette relation s'inscrivait tout naturellement dans la logique de la répression, notamment lorsque Bâville réclamait davantage de troupes ; à l'inverse, ceux qui, justement, mettaient en pratique cette répression (songeons aux dragonnades, aux exécutions sommaires, aux déportations, aux villages abandonnés par représailles à la soldatesque, ou systématiquement brûlés et détruits) n'avaient pas à justifier par écrit, et encore moins à s'en glorifier. D'où la disproportion entre les nombreux et longs constats et les procédures intentées aux camisards et à leurs ravages, et les quelques témoignages — toujours très brefs — où il nous est donné de voir des actions dites de représailles sur les populations sans défense. Au lecteur donc d'avoir à l'esprit cet état de la situation[3]*. » Un autre historien protestant, Robert*

Poujol, n'hésite pas à présenter des portraits nuancés de deux des responsables de la politique religieuse royale en Languedoc, Du Chaila et surtout l'intendant Basville. Il confirme bien l'impression que nous avait laissée, à Jean Robert Armogathe et à moi-même, l'étude de la correspondance de l'intendant avec son frère : un homme qui applique la politique royale sans « état d'âme », mais qui n'est pas parmi les plus durs ni les plus extrêmes.

On ne peut ignorer, pendant la période, l'interprétation des phénomènes prophétiques par un disciple d'Alain Touraine, Daniel Vidal. L'historiographie a généralement insisté, moi le premier, sur la continuité entre le prophétisme et les autres formes de résistance ; Daniel Vidal a sans doute raison de réagir en mettant au contraire en valeur les aspects radicalement nouveaux, déstabilisateurs et proprement révolutionnaires du discours prophétique.

En revanche, son analyse sociologique est moins convaincante, faisant du prophétisme et de l'engagement cévenol le privilège de certaines catégories populaires : « Gens d'assemblée ne sont pas Camisards [...]. Ce peuple ne continue pas. Il s'arrête au rebord de la prise d'armes et de la crise de parole. Peuvent alors venir sur leur terre les paysans, tandis que décroît l'influence des métiers du textile et de l'artisanat... », et le sociologue nuance même selon les diocèses et les types d'artisanat textile « production, amont, préparation, fabrication et finition[4] *». Notons d'abord que les conclusions récentes de l'auteur du* Dictionnaire des Camisards *sont en contradiction complète avec cette thèse fondamentale d'une révolte camisarde plus paysanne qu'artisanale : d'après Pierre Rolland, 60 % exercent une profession artisanale (et parmi eux 38 % dans le textile) et seulement 31 % un métier agricole. De plus, les sources du temps dans leur imprécision et leur variabilité selon les auteurs ne permettent pas des analyses aussi fines et partielles sur des* *groupes aussi peu nombreux. On sait bien enfin combien, dans les mas cévenols, l'activité artisanale se mêle à l'activité agricole. Rien ne semble donc confirmer l'idée de mutation sociologique radicale en ce qui concerne les diverses formes de résistance ouverte. Tout est question de circonstances et de conjoncture. Le prophétisme, très populaire de 1700 à 1710, l'est beaucoup moins vingt ans plus tard. Il suffit de suivre les biographies individuelles. Antoine Court, qui a tant combattu les dernières séquelles du prophétisme, en a été lui-même imprégné dans son adolescence, comme le furent Bonbonnoux ou Corteiz, deux de ses compagnons. En sens inverse, lors du regroupement à Calvisson, l'audience du phénomène déborde largement le public traditionnel : il attire visiblement des spectateurs urbains, comme le montrent les témoignages présentés par Henri Bosc.*

Grâce aux nouvelles recherches, on y voit plus clair sur un sujet où les fantasmes et les légendes tiennent lieu de réalité, par exemple sur la présence des femmes parmi les Camisards. Celle-ci est bien réelle mais limitée : Pierre Rolland, dans son dictionnaire, en a repéré 198 sur 2 371, 8 % environ. À travers ses notices, on distingue bien deux cas, épouses et compagnes d'une part, prophétesses d'autre part, ces dernières pouvant jouer un rôle guerrier. L'exemple le plus célèbre est celui de Lucrèce Gueidon, surnommée la Vivaraise ou Bombette, qui achevait les soldats avec son sabre pendant les combats. Certaines femmes cumulent les deux fonctions, telle Marie Planque de Valleraugue surnommée la Blonde. Bergère, elle se met à prêcher par inspiration en 1701 et épouse Castanet au Désert, au printemps 1703. Elle est arrêtée à l'automne et, pour l'échanger, son époux enlève la femme du consul Sanguinède. Cette présence épisodique ou plus longue des femmes est liée au caractère familial de l'engagement camisard ; on relève souvent la présence de frères et de cousins dans la même troupe. Aussi celles-ci sont-elles souvent, par ailleurs, compromises en cachant des armes et en logeant des combattants, telle cette Madeleine Lagarde, accusée d'avoir caché des armes, mais qui avoue aussi avoir accueilli des révoltés et avoir été avec eux à quatre ou cinq assemblées. Sa fille Marie est, de son côté, accusée de « fanatiser continuellement ».

À travers ces remarques ou ces esquisses de discussion, on mesure combien la révolte des Cévennes n'est pas un objet mort. Les lecteurs de cette nouvelle édition auront même la chance, par rapport à leurs devanciers, de pouvoir poursuivre leur initiation à travers une bibliographie bien renouvelée. Celle-ci répond à beaucoup de questions que cet ouvrage a voulu poser sans l'ambition de les résoudre, mais pas à toutes. Car quelles que soient la précision de nos recherches et leur subtilité, cette guerre reste dans son originalité inconcevable*; voilà pourquoi nous serons encore, nous et nos successeurs, longtemps fascinés par cette aventure limitée dans le temps mais riche de multiples significations.*

Philippe Joutard.
Juillet 1994

CHRONOLOGIE

1661-1669 : Premières mesures prises contre les protestants.

1670-1679 : Accalmie. Une caisse pour récompenser les Nouveaux Convertis est créée.

1673 : Naissance de Jacques Bonbonnoux (ou Montbonnoux) à Bragassargues (canton de Quissac), brigadier de Cavalier, qui ne se rendit jamais, passa vingt-sept ans au Désert et écrivit pour Court un récit de sa vie de Camisard.

1674 : Naissance de Castanet à Massevaques (dans le massif de l'Aigoual).

1677 : Naissance d'Abraham Mazel dans la paroisse de Saint-Jean-du-Gard.

1678 : Naissance d'Élie Marion à Barre-des-Cévennes.

1679-1685 : Persécutions systématiques ; les protestants sont exclus de nombreuses fonctions ; développement des logements de troupes (dragonnades) ; abjuration en masse des communautés languedociennes ; émigration de nobles et bourgeois.

1680 : Naissance de Pierre Laporte, dit Rolland, au mas Soubeiran (commune de Mialet, canton de Saint-Jean-du-Gard).

1681 : Naissance de Jean Cavalier à Ribaute (canton d'Anduze).

1683, mai-juillet : Projet d'un Jeûne solennel et d'un culte public sur l'emplacement des temples détruits. A cette occasion, troubles à Saint-Hippolyte-du-Fort et surtout dans le Vivarais à la fin juillet. Répression sévère en Vivarais.

1685 : 18 octobre, Révocation de l'édit de Nantes.
1685 : décembre ; 1686 : janvier : Des Cévenols entendent des chants de psaumes et des roulements de tambour dans les airs.
1686 (début) : Apparition des premiers prédicants en Cévennes (janvier-février) puis en Bas-Languedoc (février-avril).
1686 : Parution en Hollande du livre de Jurieu : *L'Accomplissement des prophéties.*
1686 : Octobre. L'abbé Du Chaila arrive en Cévennes.
1688 : Février, Isabeau Vincent « prophétise » et appelle à la repentance.
1688-1689 : La deuxième révolution anglaise et l'arrivée au pouvoir d'un prince protestant semblent donner raison aux prédictions de Jurieu.
1689-1697 : Guerre de la Ligue d'Augsbourg.
1689 : Janvier. Le prophétisme pénètre en Vivarais.
1689 : Février (19). Massacre des inspirés du Vivarais au Serre-de-La-Palle (canton de Cheylard).
1689 (fin)-1690 (début). Projets d'insurrection en Cévennes en rapport avec un éventuel débarquement sur la côte du Bas-Languedoc.
1691 : Février. Entrevue entre Brousson et un envoyé de Schomberg sur la pénétration des troupes alliées en Cévennes.
1692 : Février. Mort de Vivens. Brousson se convertit à l'idée d'une résistance non violente.
1695 : Naissance d'Antoine Court.
1697 : Paix de Ryswick. Déception des Réformés français qui sont « oubliés » par les puissances protestantes. La principauté d'Orange est bien rendue à Guillaume et le culte rétabli, mais les autorités en interdisent l'accès aux nouveaux convertis.
1698 : Octobre. Arrestation de Brousson (qui est exécuté le 3 novembre).
1699 : Les derniers prédicants sont exécutés ou obligés de quitter le pays.
1700 : Irruption du prophétisme en Cévennes et dans le Bas-Languedoc.

1702-1713 : Guerre de Succession d'Espagne.

1702 : Printemps. Le prophétisme devient guerrier et appelle aux « représailles » contre le clergé.

24 juillet. Meurtre de l'abbé Du Chaila.

28 juillet. Un groupe de meurtriers est surpris au Plan-de-Fontmort (commune de Barre-des-Cévennes); Esprit Séquier (45 ans environ) est arrêté ; il est exécuté à Pont-de-Montvert, début août.

14 août. M. de Saint Cosme, nouveau converti, commissaire sur les protestants du Vaunage, est tué près de Vauvert par des jeunes gens de la plaine.

11 septembre. Premier combat sérieux des Camisards à Champ-Domergue (commune de Saint-Frézal-de-Ventalon, canton de Pont-de-Montvert); le résultat est indécis.

22 octobre. Le plus vieux chef des Camisards, Gédéon Laporte, âgé de 46 ans, est tué au cours d'un combat dans le vallon de Témelac (com. de Sainte-Croix-Vallée-Française, canton de Barres-des-Cévennes). Sa tête est exposée le 25 octobre sur le pont d'Anduze.

24 décembre. Cavalier met en déroute la garnison d'Alès aux portes de la ville (bataille du mas de Cauvi).

27 décembre : Les Camisards restent plusieurs heures dans la ville de Sauve.

1703 : 12 janvier. Les Camisards battent le commandant des troupes du Languedoc, le comte de Broglie, et tuent le capitaine Poul au Val de Bane (environs de Nîmes).

Fin janvier. Cavalier essaie en vain de pénétrer dans le Vivarais.

Février. Formation des premières bandes de partisans catholiques, les Florentins. Le comte de Broglie est remplacé par le maréchal de Montrevel, de nouvelles troupes arrivent en Languedoc. Premiers manifestes à l'étranger en faveur des Camisards.

26 février. Massacre des habitants de Fraissinet-de-Fourques (canton de Meyrueis) par Castanet et sa troupe.

6 mars. Défaite des Camisards à Pompignan.

1er avril. Massacre des participants à l'assemblée du Moulin de l'Agau (environs de Nîmes) par Montrevel.

Déportation des habitants de Mialet et de Saumane (canton de Saint-André-de-Valborgne).

29 avril. Défaite de Cavalier à la Tour-de-Billot (au sud d'Alès).
14 mai. Arrestation du baron de Salgas.
Juin. Les puissances alliées commencent à s'intéresser au soulèvement : un agent du marquis de Miremont vient en Cévennes.
Septembre. Tentative d'extension de la révolte en Rouergue, avec Boeton et La Bourlie. Les autorités décident de dévaster les Hautes-Cévennes. Les Camisards massacrent les habitants de Saturargues (canton de Lunel), des vaisseaux alliés croisent au large des côtes du Bas-Languedoc.
Octobre-novembre. De nouvelles troupes de Cadets de la Croix se forment et font de gros ravages ; Montrevel doit prendre des ordonnances contre eux et les faire poursuivre.

1704 : 15 mars. Grande victoire de Cavalier dans la plaine contre un régiment de Marine au Devois-de-Martignargues (canton de Vézénobres).
Fin mars. Deuxième tentative pour soulever le Vivarais.
Avril. Le maréchal de Montrevel est remplacé par Villars ; avant de partir il inflige une sévère défaite à Cavalier à Nages (canton de Sommières) (16 avril).
19 avril. La Lande découvre les magasins de Cavalier dans les cavernes d'Euzet (canton de Vézénobres).
20 avril. Arrivée de Villars.
12 mai. Entrevue au Pont-d'Avene (commune de Vézénobres) entre Cavalier et La Lande.
13 mai. Entrevue entre Cavalier et le baron d'Aigaliers, à Saint-Jean-de-Ceyrargues (canton de Vézénobres). Le même jour Rolland tend une embuscade au Plan-de-Fontmort.
16 mai. Entrevue au jardin des Recollets à Nîmes entre Cavalier, le maréchal de Villars et Bâville.
19-27 mai. Les Camisards à Calvisson en attendant la réponse de la Cour aux négociations.
Fin mai. Tobie Rocayrol, envoyé des puissances dans le camp des « Enfants de Dieu ».
24 mai. Rencontre orageuse entre Cavalier et Rolland.
28 mai. La plupart des Camisards abandonnent Cavalier.
Début juin. Vains efforts du baron d'Aigaliers et des

bourgeois d'Alès et d'Anduze pour conduire Rolland à se rendre.

21 juin. Départ de Cavalier de la province.

Fin juin. Les Alliés envoient une nouvelle flotte au large des côtes du Languedoc qui est dispersée par la tempête.

13 août. Rolland est tué au château de Castelnau-les-Valences (canton de Vézénobres).

Octobre. Les derniers chefs camisards importants se rendent.

La plupart partent à l'étranger; quelques-uns restent sur place.

1705 : Janvier. Arrestation de Mazel. Un curé qu'il avait épargné en 1702 obtient sa grâce. Il est enfermé à la Tour de Constance.

Mars. Castanet revenu de Genève est pris et exécuté. Berwick remplace Villars.

Avril. « Complot des Enfants de Dieu ». En accord avec les Alliés, tentative pour relancer l'insurrection. Le complot est découvert. Plusieurs chefs sont arrêtés (Ravanel et Abdias Maurel, dit Catinat).

Juillet. Marion se rend une seconde fois. Mazel s'échappe de la Tour de Constance; il obtient l'amnistie et s'exile avec Marion.

1706-1707 : Les prophètes français à Londres. Attaque des autorités officielles. Pour se justifier les inspirés témoignent dans *Le Théâtre sacré des Cévennes.*

1706 : Cavalier, qui était passé en Hollande, forme un régiment de réfugiés destiné à pénétrer dans le Languedoc par la Catalogne. Celui-ci est complètement décimé à la bataille d'Almanza.

1707 : Cavalier participe à l'expédition du duc de Savoie dans le sud-est de la France. Intrigues de certains réfugiés pour soulever le Languedoc en rapport avec l'offensive alliée.

1709 : Mars. Rentrée d'Abraham Mazel en France ; il s'installe dans le Vivarais.

Juin. Soulèvement du Vivarais.

Juillet. Les Camisards battus et dispersés.

Novembre. Abraham Mazel gagne les Cévennes pour rejoindre ses amis cachés dans la région et susciter une nouvelle insurrection.

1710 : Juillet. Débarquement des alliés en Bas-Languedoc ; ils s'emparent de Sète pendant quelques jours : c'est sans doute une entreprise de diversion pour soulager « le front » de Catalogne en attirant à l'est les troupes du maréchal de Noailles.
14 octobre. Abraham Mazel, trahi, est surpris au Mas de Couteau (environs d'Uzès).

1711-1713 : Marion et ses amis inspirés parcourent l'Europe pour « aller porter la parole » de « l'Esprit ». Il meurt à Livourne le 20 novembre 1713.

1713 : Premières prédications d'Antoine Court.

1715 : 25 août. Court réunit un premier synode en Basses-Cévennes (aux Montèzes).

1718 : Exécution du prédicant Arnaud.

1720-1723 : Secte des multipliants : après le règne du Père, puis du Fils, commence celui du Saint-Esprit... C'est un signe parmi d'autres de la subsistance d'un certain prophétisme, de plus en plus éloigné de la Réforme calviniste.

1721 : Premier synode du Vivarais.

1724 : Déclaration royale qui codifie et renouvelle toutes les mesures prises antérieurement contre les protestants.

1726 : Premier synode national tenu en Vivarais.

1729 : Court de plus en plus menacé se réfugie à Lausanne. Il va commencer une grande enquête sur la guerre des Camisards.

1730 : Bonbonnoux se réfugie en Suisse. Marie Durand est enfermée à la Tour de Constance à Aigues-Mortes.

1732 : Exécution du pasteur Pierre Durand.

1738 : Cavalier lieutenant gouverneur de Jersey.

1740 : Mort de Cavalier à Chelsea, au cours d'un voyage à Londres.

1743 : Grâce à l'accalmie due à l'absence de troupes retenues par la guerre de Succession d'Autriche, les assemblées se multiplient et se tiennent même en plein jour.

1745 : Réaction des autorités. Plusieurs pasteurs sont arrêtés et exécutés (dont Désubas en février 1746).

1750-1752 : Dernières tentatives systématiques de persécution : on veut forcer les protestants à faire rebaptiser à l'église leurs enfants baptisés au Désert.

1752 : Agitation dans le Bas-Languedoc; quelques curés blessés. Les autorités cessent d'imposer la rebaptisation.
1755 : Mort de Bonbonnoux à Lausanne.
1762 : Dernière exécution d'un pasteur et dernières condamnations aux galères. Ensuite s'établit une tolérance de fait.
1768 : Les dernières prisonnières de la Tour de Constance (dont Marie Durand) sont libérées.
1775 : Les deux derniers galériens pour la foi sont libérés.
1787 : Édit de Tolérance qui accorde l'état civil aux protestants : ils n'ont plus l'obligation d'aller à l'église pour se marier ou faire baptiser leurs enfants; mais la liberté de culte n'est pas encore officiellement reconnue.

NOTES ET RÉFÉRENCES

UNE ÉTRANGE RÉVOLTE

1. *Le Monde,* 4 septembre 1973, p. 10.

1. DE LA RÉSIGNATION À LA RÉSISTANCE

1. Toutes les indications chiffrées sont tirées de S. MOURS, *Essai sommaire de géographie du protestantisme réformé français au XVIIe siècle,* Paris, 1966.

2. *Le Théâtre des Cévennes,* Londres (1707) réédité par A. Bost sous le titre *Les Prophètes protestants,* Paris, 1847, p. 44. Toutes les références se rapportent à cette dernière édition plus accessible.

3. H. MANEN et Ph. JOUTARD, *Une foi enracinée, La Pervenche,* Valence, 1972, p. 67.

4. On dit couramment des Cévenols protestants qu'ils parlent le « patois de Canaan ».

5. H. MANEN et Ph. JOUTARD, *op. cit.*, p. 115.

6. Cf. J. ORCIBAL, *Louis XIV et les protestants,* Paris, 1951.

7. « Réflexions politiques qui doivent porter le roi à contraindre les nouveaux convertis de son royaume de professer la religion catholique par M. de Bâville », reproduit par J. Lemoine, *Mémoires des Évêques de France sur la conduite à tenir à l'égard des réformés* (1698)..., Paris, 1902, pp. 322-323.

8. Dans *Le Siècle de Louis XIV,* chap. XXXVI, éd. La Pléiade, 1957, pp. 1043-1045.

9. Carnet manuscrit de complaintes appartenant à Mme

Colanis, Paris, qui le tenait de sa grand-mère. Il provient du nord de l'Ardèche et a été probablement recopié dans le dernier quart du XVIIIe siècle. Les pages ne sont pas numérotées, nous désignerons donc nos complaintes par l'ordre de présentation. Celle-ci est la dixième.

10. Cité par Ch. BOST, *Les Prédicants protestants des Cévennes et du Bas-Languedoc, 1684-1700,* Paris, 1912, t. I, p. 13.

11. Cité par F. PUAUX dans le *Bulletin de la Société de l'Histoire du protestantisme français* (en abrégé *B.S.H.P.F.*), 1913, p. 389.

12. *Ibid.*, p. 398.

13. Correspondance des 7 et 21 septembre 1685 citée par O. DOUEN, *La Révocation de l'édit de Nantes à Paris,* Paris, 1894, t. I, p. 568.

14. Lettre de Bâville à Châteauneuf du 17-1-1698, publiée par J. Lemoine, *op. cit.*, p. 295.

15. Ch. BOST, *op. cit.*, p. 39.

16. *Ibid.*, p. 40.

17. Carnet de Mme Colanis, 8e complainte intitulée « Complainte sur l'affliction de l'Église », 6e strophe.

18. Ch. BOST, *op. cit.*, p. 95.

19. *Ibid.*, p. 40.

20. *Ibid.*, pp. 68-69.

21. Archives personnelles de M. Daniel TRAVIER, Saint-Jean-du-Gard ; prière trouvée dans le hameau de La Bécédelle, paroisse de Saumane (à 15 km au N.-O. de Saint-Jean-du-Gard).

22. *Histoire du climat depuis l'an mil,* Paris, 1967, pp. 49, 52 et 54. Les hivers rigoureux correspondent aux années 1673 et 1675 et les étés insupportables aux années 1684 et 1686.

23. Archives D. TRAVIER, même provenance.

24. Le texte des *Mémoires* de Marion et de Mazel a été édité une première fois par Ch. Bost en 1931. J'en ai publié de larges extraits dans *Journaux camisards,* Paris, 1965. Mes références seront empruntées à cette dernière édition plus accessible. L'extrait reproduit ici est pp. 75-76.

25. S. RIBARD, *Notes d'Histoire cévenole,* Cazilhac, 1899, p. 58.

26. « Mémoire de M. de Bâville à M. de Châteauneuf sur les

nouveaux convertis, 11 mai 1698 », publié par J. Lemoine, *op. cit.*, pp. 303-304.

27. Projet de déclaration publié par J. Lemoine, p. 218.

28. D'après M. F. CHAUMET-REBOUL, *De la Révocation de l'édit de Nantes à la guerre des Camisards, Étude du comportement religieux des bourgeois et des protestants paysans dans les Cévennes et le Bas-Languedoc,* Mémoire de maîtrise, dact. Université de Paris X, 1971, p. 9 et ss.

28 *bis.* Publié par Ch. BOST, *op. cit.*, t. II, p. 484.

29. *Ibid.*, t. I, p. 78.

30. *Ibid*, p. 89.

31. Archives de D. TRAVIER, recueil de prières de même origine que les documents de ce fonds déjà cités.

32. Cl. BROUSSON, « Relation sommaire des merveilles que Dieu a fait en France dans les Cévennes et le Bas-Languedoc », citée par Ch. BOST, t. II, pp. 19-20.

33. Cité par Ch. BOST, t. II, p. 353.

34. *B.S.H.P.F.*, 1901, p. 339.

35. *Ibid.*, pp. 339 et ss.

36. Ch. BOST, *op. cit.*, t. II, p. 418-419.

37. Archives de D. TRAVIER. L'écriture n'est pas celle de Brousson. Le sermon a probablement été recopié par l'un de ses compagnons qui s'est appliqué à présenter un texte très lisible. Nous avons publié cet extrait d'après la copie manuscrite, mais le texte a aussi été imprimé dans *La Manne mystique du Désert,* Amsterdam, 1695, t. I, pp. 116-157. Renseignements tirés de la page 157.

38. Ch. BOST, *op. cit.*, t. II, pp. 413-415.

39. Cf. Mme CHAUMET-REBOUL, *op. cit.*, p. 69 et ss. Les statistiques établies à partir des listes données par Ch. Bost dans son ouvrage, confirment totalement les résultats de Mme Chaumet-Reboul.

40. E. LE ROY LADURIE, *Les Paysans de Languedoc,* Paris, 1966, t. I, pp. 341 et ss.

40 *bis.* Ch. BOST, *op. cit.*, t. II, pp. 525-528.

41. Ch. BOST, *op. cit.*, t. I, p. 204.

42. *B.S.H.P.F.*, 1891, p. 532.

43. Mémoire de Gaubert publié dans nos *Journaux camisards,* pp. 110-111.

44. J. LEMOINE, *op. cit.*, p. 328.

2. LES PROPHÈTES PROTESTANTS

1. Ch. Bost, *op. cit.*, t. I, p. 61.

2. *Ibid.*, p. 62.

3. *Ibid.*, p. 178.

4. Cité par Ch. Bost, *op. cit.*, t. II, p. 460. C'est en s'inspirant de Daniel, VII-25, que l'Apocalypse parle de trois jours et demi ; d'où la jonction apparemment curieuse du *Nouveau Testament* et de *Daniel.* Pour la diffusion de ces calculs apocalyptiques en Cévennes, voir Ch. Bost, *op. cit.*, t. I, chap. XI.

5. Extrait d'une brochure imprimée très rare, intitulée *Abrégé de l'histoire de la bergère de Saou, près de Crest, imprimé à Amsterdam en 1688.* Nous n'en avons retrouvé qu'un exemplaire à Genève. Mais le pasteur Manen en a découvert une copie manuscrite du temps dans les archives d'une famille paysanne de la paroisse de La Pervenche (dans les Boutières, en Vivarais), ce qui montre bien que l'esprit prophétique s'est non seulement diffusé par le contact direct avec les inspirés, mais par ce type de documents soigneusement transcrits et relus de nombreuses fois à la veillée. Nous l'avons publiée, le pasteur Manen et moi-même, dans *Une foi enracinée, La Pervenche.* Le texte cité ici est pp. 65-68.

6. 7e complainte du carnet de Mme Colanis, intitulée « Complainte touchant les prophéties ». Charles Bost en a publié quelques extraits d'après une autre copie légèrement différente conservée à la Société d'Histoire du Protestantisme français (S.H.P.F.). Mss 275, dans *Poésies populaires huguenotes du Vivarais,* Paris, 1940, p. 32.

7. Fléchier, *Lettres choisies,* Paris, 1715, t. I, p. 392.

8. La Baume, *Relation historique de la révolte des fanatiques ou des Camisards,* éd. par l'abbé Goiffon, Nîmes, 1874, pp. 34-37.

9. *Journaux camisards,* p. 77.

10. *Théâtre sacré,* éd. A. Bost, p. 3.

11. Cité par Ch. Bost, « Les Prophètes du Languedoc en 1701-1702 », *Revue historique,* 1921, t. 136, p. 8.

12. *Ibid.*, pp. 14-15.

13. D. A. BRUEYS, *Histoire du fanatisme de notre temps...*, Montpellier, 1709, t. I, Préface (pp. 9-15).

14. *Ibid.*, p. 12.

15. Dans un *Récit fidèle de ce qui s'est passé dans les Assemblées des fanatiques du Vivarais,* adressé au duc de Montausier en 1689. Mais ce récit ne fut imprimé qu'en 1715 dans les *Lettres choisies.*

16. D. A. BRUEYS, *op. cit.*, pp. 13-17, 80, 86, 90.

17. *Ibid.*, pp. 89-96.

18. *Ibid.*, pp. 97-98.

19. J'en ai décrit la fortune dans *La Légende des Camisards. Une sensibilité au passé.*

20. Une réfutation décisive a été faite par C. Blanc, « Genève et les origines du mouvement prophétique en Dauphiné et dans les Cévennes », *Revue d'Histoire suisse,* 1943, pp. 243-249.

21. *Lettres choisies,* t. I, p. 377.

22. *Ibid.*, p. 383.

23. Citée dans Ch. Bost, *op. cit.*, t. II, 518-520.

24. *Ibid.*, pp. 519, note 1, et 521.

25. Ch. BOST, *art. cit.*, p. 8.

26. H. MANEN et Ph. JOUTARD, *op. cit.*, pp. 71-74.

27. *Ibid.*, pp. 76-77.

28. 7e complainte du carnet de Mme Colanis.

29. H. MANEN et Ph. JOUTARD, *op. cit.*, p. 69.

30. Cf. E. LE ROY LADURIE, *Les Paysans de Languedoc,* t. II, p. 954.

31. Cf. J. DELUMEAU, « Les Réformateurs et la superstition », dans *Actes du colloque, l'Amiral Coligny et son temps,* Paris, 1974, pp. 465-467.

32. Les maquisards de Dieu, *Le Nouvel Observateur,* 24 février 1972, p. 38.

33. M. PIN, *A côté des Camisards,* Uzès, 1943, p. 24.

34. *Ibidem.*

35. Archives Nationales (en abrégé A.N.) Chartier Tocqueville, 177 mi 171, pièce 35, l. du 7 mars 1701.

36. *Ibid.*, pièce 37.

37. S.H.P.F., Mss n° 391 *bis,* f° 147.

38. Dans Ch. BOST, *art. cit.*, p. 27.

39. *Journaux camisards,* pp. 29-31.

40. *Ibid.*, pp. 32-33.
41. *Ibid.*, pp. 33-37.
42. La Baume, *op. cit.*, pp. 41-45.

3. CHRONIQUE D'UNE RÉVOLTE

1. Lettre du 28 juillet 1702 publiée par E. Roschach dans la réédition de *l'Histoire générale du Languedoc* de Vic et Vaissette, Toulouse, 1876, t. XIV, col. 1568. A l'avenir cet ouvrage sera cité sous l'indication *Hist. gén. du Languedoc.*
2. A.N. TT 464, pièce 60. Il s'agit des notes du père Léonard de Sainte Catherine de Sienne où l'on peut lire : « On mandait de Marly où était le Roi, le 7 août, on a eu avis d'une histoire fâcheuse... »
3. La Gazette de Bruxelles en parle d'après une information de Paris du 11 août (n° du 15 août, p. 520) et la Gazette de Berne d'après une information de Lyon du 6 août (Bibliothèque publique et universitaire (en abrégé B.P.U.) de Genève, Mss Court, t. 33, f° 16).
4. *Journaux camisards,* p. 46.
5. *Ibid.*, p. 44.
6. *Ibid.*, p. 47.
7. *Op. cit.*, pp. 62-63.
8. A.N., Ch. Tocqueville, 177 mi 171, pièce 46, lettre à Fléchier du 30 oct. 1702.
9. Mémoire de Mazel dans *Journaux camisards,* pp. 56-57.
10. *Hist. gén. du Languedoc,* col. 1635.
11. *Lettres choisies,* t. I, p. 209, lettre du 3 janvier 1703.
12. Mémoire de Mazel dans *Journaux camisards,* p. 59.
13. *Ibid.*, pp. 65-66.
14. Cf. article en collaboration avec J. R. Armogathe, « Bâville et la consultation des évêques en 1698 », *Revue d'Histoire et de Philosophie religieuse,* 1972, p. 161.
15. A.N. M. 766 dossier 1, pièces 66 et 83 pour la première et la quatrième citations et TT. 464, pièce 60 pour la seconde, et la troisième.
16. *Journal de Dangeau,* éd. Soulié et coll., Paris, 1854-1860, t. VIII, p. 53.

17. Publié à Londres en 1703. Se trouve à la Bibl. nationale sous la cote 8° Lb-37-4860.

18. Bibliothèque municipale de Bordeaux, H. 2386, t. 80 (116) occasionnel inséré dans la Gazette de France.

19. A.N. TT 464, pièce 69, notes du père Léonard.

20. *Hist. gén. du Languedoc,* col. 1695, lettre du 5 mars 1703.

21. *Ibid.*, col. 1700-1701, lettre du 6 mars 1703.

22. Bibliothèque de l'Arsenal, Mss 3854, f° 19, lettre de Montrevel à Bâville du 30 mars 1703.

23. Bib. mun. de Bordeaux, H 2386, t. 80 (118).

24. Mémoire de Bonbonnoux, brigadier de Cavalier reproduit dans *Journaux camisards,* p. 132.

25. A.N. Ch. TOCQUEVILLE, 177 mi 171, pièce 48.

26. *Ibid.*, pièces 136 et 137.

27. *Ibid.*, pièces 171, lettre du 2 juillet.

28. Bib. Arsenal, Mss 3854, f° 50, lettre de Bâville de mars 1703 pour la première et la troisième citations, et f° 249 lettre du 3 novembre 1703 pour la seconde citation.

29. A.N. TT 464, pièce 77, lettre du père Girard du 3 juillet 1704, p. 4.

30. S.H.P.F., Mss 447, p. 6 (14) orig. Une copie a été publiée dans le *B.S.H.P.F.* 1891, p. 166 (avec une erreur dans la transcription de la date).

31. A.N. Ch. TOCQUEVILLE, 177 mi 171, pièce 169.

32. Bib. Arsenal, Mss 3854, f° 300, lettre du 14 mars.

33. *Œuvres complètes,* Paris, 1782, t. 8, p. 59 et 65 pour la dernière.

34. *Op. cit.,* p. 131.

35. *Hist. gén. du Languedoc,* col. 1765-1766, lettre du 18 juillet 1703.

36. *Op. cit.,* p. 238.

37. *Hist. gén. du Languedoc,* col. 1637, mémoire du 22 décembre 1702.

38. *Ibid.*, col. 1701.

39. *Ibid.*, col. 1678, lettre du 23 février 1703.

40. A.N. M. 766, dossier 2, pièce 38, lettre au père Léonard du 11 mai 1703 provenant de Lyon.

41. P. 188 d'après une correspondance de Montpellier du 9 mars 1703.

42. N° 25 dans la rubrique de Paris daté du 19 mars et d'après une lettre du Languedoc du 10 mars.
43. *Journal*, t. IX, p. 137, en date du 11 mars.
44. J. B. LOUVRELEUIL, *Le fanatisme renouvelé...*, Avignon 1704-1706, t. I, p. 192.
45. *Op. cit.*, t. III, pp. 131-132.
46. *Journaux camisards*, p. 81.
47. *Hist. gén. du Languedoc*, col. 1790-1791.
48. *Journaux camisards*, pp. 98-99.
49. *Hist. gén. du Languedoc*, col. 1846, communication secrète de M. de Bâville au ministre de la Guerre en date du 2 décembre 1703.
50. *Mémoire* de Cavalier, éd. par F. PUAUX (rééd. Paris, 1973), p. 65.
51. A. COURT, *Histoire des troubles des Cévennes...*, Villefranche, 1760, t. I, p. 380. Court utilise une des brochures en faveur des Camisards, *Nécessité de donner un prompt secours...*
52. Cette lettre se trouve à la B.N. sous la cote LD 176-121, la citation est p. 4.
53. *Ibid.*, pp. 6-7.
54. Mme DU NOYER, *Lettres historiques et galantes*, nouv. éd. Londres, 1739, t. II, p. 166.
55. A. COURT, *op. cit.*, t. III, p. 98.

4. UNE GUÉRILLA D'INSPIRÉS

1. *Hist. gén. du Languedoc*, col. 1583, lettre du comte de Peyre en date du 10 août 1702.
2. Cité par G. TOURNIER, *Le baron de Salgas, gentilhomme cévenol et forçat pour la Foi*, Musée du Désert, 1941, p. 24.
3. Copie du Mémoire des malheurs du sieur de Salgas, tiré de l'original qui est écrit de sa propre main, publié par G. TOURNIER, *op. cit.*, p. 171-172.
4. Ch. TOCQUEVILLE, 177 mi 171, pièce 48, lettre du 21 mai 1703.
5. Extrait d'une lettre du 24 mai écrite par sœur Demerest, assistante au couvent des Ursulines et publiée par G. TOURNIER, *op. cit.*, p. 233.
6. *Ibid.*, pp. 234-235, extrait de la lettre du 19 juin 1703.

7. Ch. TOCQUEVILLE, 177 mi 171, pièce 92, lettre à son frère du 29 juin 1703.
8. Mémoire publié dans *Journaux camisards,* pp. 117-121.
9. *Lettres historiques,* janvier 1703, p. 64.
10. *La Clef du Cabinet des princes,* juillet 1704, pp. 35-36.
10 *bis. Hist. gén. du Languedoc,* col. 1636, mémoire du 22 décembre 1702.
11. *Op. cit.*, t. II, p. 2.
12. A. COURT, *op. cit.*, t. II, p. 58.
13. *Mémoires inédits d'Abraham Mazel et d'Élie Marion,* publiés par Ch. Bost, Paris, 1931, pp. 74-75.
14. Par exemple dans la révolte des croquants du Périgord (cf. B. Porchnev, *Les Soulèvements populaires en France au XVIIe siècle,* rééd. Paris 1972, pp. 83-84), et dans celle du Vivarais (cf. E. Le Roy Ladurie, *op. cit.*, t. I, p. 609).
15. *Théâtre sacré des Cévennes,* p. 72.
16. *Ibid.*, pp. 122-125.
17. Mémoire de Mazel dans *Journaux camisards,* pp. 69-70.
18. *Théâtre sacré des Cévennes,* pp. 115-118, déposition de Durand Fage.
19. *Hist. gén. du Languedoc,* col. 1624-1625, lettre adressée par les révoltés au comte de Broglie.
19 *bis.* Expression de Villars, cf. *Hist. gén. du Languedoc,* col. 1980.
20. *Hist. gén. du Languedoc,* col. 1682-1683.
21. *Journaux camisards,* pp. 121-122.
22. *B.S.H.P.F.* 1867, pp. 322-323, déposition de Tobie Rocayrol.
23. *Journaux camisards,* pp. 90-91.
24. *Théâtre sacré des Cévennes,* pp. 118-119, déposition de Durand Fage.
25. *Journaux camisards,* p. 85.
26. *État et description des Sevennes par rapport à ce qui s'y passe aujourd'huy,* Londres, 1703, p. 4.
27. *Hist. gén. du Languedoc,* col. 1593-1594, lettre de Broglie en date du 18 octobre 1702.
28. Cité par A. DUCASSE, *La Guerre des Camisards,* Paris, éd. 1962, p. 91.
29. *Hist. gén. du Languedoc,* col. 1635-1636, mémoire de Bâville du 22 décembre 1702.

30. *Ibid.*, col. 1773-1774, mémoire d'un dénommé Teriseau en date du 30 août 1703.
31. *B.S.H.P.F.*, art. cit., p. 322.
32. *Journaux camisards*, p. 88.
33. *Ibid.*, p. 60-61.
34. *Ibid.*, p. 67.
35. *Ibid.*, p. 123-124.
36. *Hist. gén. du Languedoc*, col. 1566, lettre du 28 juillet 1702.
37. A.N. Ch. TOCQUEVILLE, 177 mi 171, pièce 169, lettre du 19 octobre à son frère.
38. *Ibid.*, pièce 172, lettre, s.d.
39. *Ibid.*, pièce 169, lettre à son frère du 11 novembre 1703.
40. Par exemple celui de Teriseau déjà cité. La Cour pour savoir la vérité envoie pour avis à Bâville un résumé des griefs adressés à Montrevel. L'intendant y répond dans un mémoire du 2 décembre 1703 (*Hist. gén. du Languedoc*, col. 1843-1858). Il confirme la plupart des reproches qui sont faits au maréchal.
41. Bib. de l'Arsenal, Mss 3854, f° 293.
42. Cité par A. COURT, *op. cit.*, pp. 86-88, n.a.
43. *Hist. gén. du Languedoc*, col. 1684.
44. A COURT, *op. cit.*, t. I, p. 460.
45. *Journaux camisards*, p. 88.
46. *Ibid.*, pp. 88-89.

5. DE LA GUERRE À LA LÉGENDE

1. A.N. TT 464, pièce 77, lettre du 3 juillet 1704, pp. 1-2.
2. *Journaux camisards*, p. 137.
3. A.N. TT 464, pièce 77, p. 2.
4. *Ibid.*, pp. 5-6.
5. *Mémoires*, pp. 188-189.
6. *Hist. gén. du Languedoc*, col. 1930.
7. Comme Roure dans le Vivarais (LE ROY LADURIE, *op. cit.*, p. 610).
8. Publié par F. PUAUX en annexe des *Mémoires* de Cavalier, p. 249.
9. *Hist. gén. du Languedoc*, col. 1917-1918, lettre datée du Désert, ce dernier avril 1704.

10. Cité par PUAUX, p. 191, n. 2.
11. *Ibid.*, p. 192, n. 1.
12. Pièce 77, p. 7.
13. *Mémoires*, p. 195.
14. *Hist. gén. du Languedoc*, col. 1927.
15. Pièce 77, p. 8.
16. B.P.U. Genève, Mss COURT, n° 35, p. 78.
17. *Journaux camisards*, p. 140.
18. *Ibid.*, pp. 142-144.
19. *ibid.*, p. 146.
20. *Ibid.*, mémoire de Marion, p. 100.
21. *Mémoire* de Marion, éd. Ch. Bost, p. 79.
22. *Ibid.*, p. 84.
23. *Ibid.*, pp. 85-86.
24. *Hist. gén. du Languedoc*, col. 2014-2015.
25. Ch. TOCQUEVILLE, 177 mi 171, pièce 129, lettre à son frère du 16 juin 1709.
26. Mss COURT, n° 1, t. XVI, p. 643.
27. *Réponse au supplément du siècle de Louis XIV*, Colmar, 1754, p. 85.
28. Cité par Ch. DARDIER, *La Révolte des Camisards justifiée*, Nîmes, 1889, p. 10. L'apologie est publiée en 1746.
29. Extrait publié par Ch. Bost et P. Bourguet. *Trois obstinés religionnaires, Jean Bernard, Jean Rouvière, Louis Ranc*, Musée du Désert, 1930, p. 21.
30. *Discours moraux ou sermons sur divers textes de l'Écriture sainte*, La Haye, 1781, p. IX.
31. S.H.P.F. Mss 477-2. Un texte légèrement différent a été partiellement publié par Bost, *Poésie populaire huguenote du Vivarais*, p. 47.
32. A. D. HERAULT, C. 201, f° 18. Il y a évidemment dans ce texte des confusions dues à l'affaiblissement du souvenir : Rastelet était mort au moment de la négociation qui n'a pas pu avoir lieu avec Roquelaure, puisque ce dernier a succédé à Villars. On ne promit jamais à Cavalier (et pour cause) d'être gouverneur de Brisac.
33. *Ibid.*, f° 19.
34. Tradition orale recueillie au cours d'une enquête pour ma thèse, sur le souvenir laissé par la guerre dans la mémoire collective cévenole.

6. LES CAMISARDS TOUJOURS PRÉSENTS

1. *Journaux camisards,* pp. 151-152.
2. *Ibid.,* pp. 155-156.
3. *Ibid.,* pp. 158-161.
4. *Mémoires,* éd. par E. Hugues, Toulouse, 1885, p. 35.
5. *Ibid.,* p. 38.
6. *Ibid.,* p. 45.
7. *Ibid.,* p. 56.
8. Publié par E. Hugues, *Histoire de la restauration du protestantisme en France au XVIIIe siècle,* Paris, 1875, t. I, pp. 27-28, n. 2.

8 *bis.* Cité par E. Hugues, *op. cit.,* t. I, pp. 148-149.

9. *Ibid.,* p. 375, lettre de janvier 1720.
10. *Ibid.,* t. II, p. 236. Court y répondit dans une brochure anonyme la même année.
11. *Revue d'Histoire de Lyon,* 1906, p. 413, lettre de Courderc à son oncle Vernet-Dupan de Genève.
12. Publié par Hugues, *op. cit.,* t. II, pp. 430-431 pour la première citation et 428 pour la seconde.
13. *Ibid.,* p. 481, mémoire sur la question des mariages du 30 avril 1751.
14. *S.H.P.F.,* Mss 393-I, p. XIII.
15. E. HUGUES, *op. cit.,* t. II, pp. 427-428.
16. Voir par exemple les professions des gens arrêtés à l'assemblée près de Nîmes en 1719 dans *L'Assemblée de La Baume des Fées,* éd. Ch. Sagnier et J. Bonnet, Nîmes-Paris (s.d.), pp. 199-200.
17. Carnet de Mme Colanis, 31e complainte.
18. *Ibid.,* 27e complainte.

18 *bis.* A. MONOD, *Les Sermons de Paul Rabaud pasteur du Désert (1738-1785),* Paris (s.d.), p. 93, note.

19. Cité par E. Hugues, *op. cit.,* t. I, p. 144.
20. *Ibid.,* p. 143.
21. Cité par S. MOURS, *Portraits vivarois,* Musée du Désert, 1948, p. 163.
22. Archives de D. TRAVIER.
23. *Ibidem.*

POSTFACE

1. R. SCHEURER, « La Révocation de l'édit de Nantes et le Refuge huguenot », *Revue Source d'Histoire,* 1986, n° 3, pp. 346-367.

2. Henri BOSC, *La Guerre des Cévennes, 1702-1710,* Montpellier, Presses du Languedoc, 1985, t. I, p. 833.

3. Henri BOSC, *op. cit.*, tome I, p. XXIX.

4. Daniel VIDAL, *Le Malheur et son prophète. Inspirés et sectaires en Languedoc calviniste. 1685-1725,* Paris, Payot, pp. 309-310.

5. Pierre ROLLAND, *Dictionnaire des Camisards,* Montpellier, 1994, p. XVI.

BIBLIOGRAPHIE

Pour l'ensemble de la période, voir :

S. Mours et D. Robert : *Le Protestantisme en France du XVIIIe siècle à nos jours,* Paris, Librairie protestante, 1972, pp. 11-174.

Histoire des protestants en France, Privat, 1977.

Pour replacer la révolte dans un contexte géographique et historique plus large, *Les Cévennes de la montagne à l'homme* (sous la direction de Philippe Joutard, Privat, 1979).

La période 1683-1700 a été étudiée par Ch. Bost : *Les Prédicants protestants des Cévennes et du Bas-Languedoc, 1684-1700,* Paris, 1912, 2 volumes. Malgré sa date ce livre n'a pas encore été remplacé.

Pour les Camisards à proprement parler, l'ouvrage majeur évoqué longuement dans la postface est celui de Henri Bosc, *La Guerre des Cévennes 1702-1710,* six volumes, Montpellier, Presses du Languedoc, 1985-1993, avec une bibliographie très complète et un index très efficace.

On lira aussi avec intérêt les biographies de Robert Poujol consacrées à l'abbé Du Chaila et à l'intendant Basville : (Presses du Languedoc, 1986 et 1992). Parmi les nombreuses publications de documents, on retiendra particulièrement la réédition des *Mémoires* de Bonbonnoux, d'Abraham Mazel et d'Elie Marion (Montpellier, 1983).

Pour ma part, j'ai étudié l'opinion publique et les Camisards dans le chapitre II de *La Légende des Camisards* (Gallimard, Bibliothèque des Histoires, 1977).

Quant à la résistance protestante après 1715, le livre de E. Hugues : *Histoire de la restauration du protestantisme en France au XVIIIe siècle,* Paris, 1875, 2 volumes, est encore très utile.

DU MÊME AUTEUR

Aux Éditions Gallimard

LA LÉGENDES DES CAMISARDS. UNE SENSIBILITÉ AU PASSÉ, Bibliothèque des Histoires, 1977.

L'INVENTION DU MONT BLANC, Archives n° 98, 1986.

Composition Bussière
et impression S.E.P.C.
à Saint-Amand (Cher), le 5 août 1994.
Dépôt légal : août 1994.
Numéro d'imprimeur : 1539-1419.
ISBN 2-07-032615-2./Imprimé en France.

58375